日语翻译及教学应用研究

尹凤先　著

吉林人民出版社

图书在版编目（ＣＩＰ）数据

日语翻译及教学应用研究 / 尹风先著 . -- 长春：
吉林人民出版社 , 2023.11
ISBN 978-7-206-20467-8

Ⅰ . ①日 … Ⅱ . ①尹 … Ⅲ . ①日语－翻译－教学研究
Ⅳ . ① H365.9

中国国家版本馆 CIP 数据核字 (2023) 第 222296 号

责任编辑：韩立明
装帧设计：啾　啾

日语翻译及教学应用研究
RIYU FANYI JI JIAOXUE YINGYONG YANJIU

著　　者：尹风先
出版发行：吉林人民出版社（长春市人民大街 7548 号 邮政编码：130022）
咨询电话：0431-85378007
印　　刷：长春市昌信电脑图文制作有限公司
开　　本：787mm×1092mm　　　　1/16
印　　张：11　　　　　　　字　　数：150 千字
标准书号：ISBN 978-7-206-20467-8
版　　次：2024 年 1 月第 1 版　　印　　次：2024 年 1 月第 1 次印刷
定　　价：60.00 元

前　言

翻译是具备翻译技巧及两种或两种以上（原文和译文）语言能力的人，将一种语言表达的信息用另一种语言充分表达出来的活动。近年来，随着语言服务业的迅猛发展和包括人工智能在内的翻译技术的日新月异，翻译的对象、手段、形式、性质乃至译介方向（译入与译出）均发生了巨大变化。曾经是"一名之立，旬月踟蹰"的传统翻译实践方式，在如今的国际互联网时代也变成了千字译文"秒出"的科技奇迹。与此同时，伴随我国经济文化的蓬勃发展和"中华文化走出去"等政策的实施，文化外译的命题成为当前我国翻译活动中越来越重要的领域，这也促使翻译的定位和定义在当前时代语境中产生了显著的变化。这一切都对新时代语境下的高校翻译教育提出了新的要求。今后的日语翻译课应该怎么上？上什么？这成了摆在每个日语教师面前不可回避的新命题。为了培养高水平语言服务人才，为了能够实现翻译教育与服务高等教育强国建设事业的紧密衔接，教师有必要在把握"变化中的翻译面貌"的基础上，对当下翻译教学的"盲点"与"痛点"进行反思，从而在教学创新思路与举措方面提出建设性意见。

日语学习的目的是使学生能展开日语交流或者日语写作，若学生经过学习后，无法理解日语交流的内涵或者存在不理解词义的情况，则会对未来的工作造成不利影响。因此，日语翻译教学改革工作势在必行。在改革过程中，我们应当结合当前的时代发展情况及教学改革理念，深入探索现阶段日语教育存在的问题，从而有针对性地提出改革策略，为培养复合型的日语人才奠定坚实的基础。

本书围绕"日语翻译及其教学"这一主题，以翻译的定义为切入点，由浅入深地阐述了翻译的定义、本质、任务、方法、原则、过程，系统地论述了日语敬语翻译、日语语言翻译与文化翻译、日语翻译的影响因素、日语翻译中的加译技巧，深入探究了日语翻译教学理论、日语教学应用、日语翻译教学模式创新与应用，以期为读者理解与践行日语翻译及其教学提供有价值的参考和借鉴。本书内容翔实、条理清晰、逻辑合理，适用于从事日语翻译以及日语教学的专业人员。

　　笔者在撰写本书的过程中，借鉴了许多专家和学者的研究成果，在此表示衷心感谢。本书研究的课题涉及的内容十分宽泛，尽管笔者在写作过程中力求完美，但仍难免存在疏漏，恳请各位专家批评指正。

目　录

第一章 翻译的定义、本质与任务

第一节 翻译概述

一、翻译的内涵与外延

(一) 翻译的内涵

翻译的内涵，也就是翻译的本质特征，是翻译与其他事物的根本区别，主要包括翻译一词的词性和翻译这一概念的本质属性。

要对翻译下定义，就得先弄清它的词性。因为对名词和动词所下的定义是有所不同的。一般来说，对名词下定义时，要论述清楚它的构成、状态、性质、用途等；而对动词下定义时，则要阐述清楚它的主体、客体、实施动作的形式或标准，实施动作后带来的结果和影响等。

在汉语中，一个词既可以作名词也可以作动词时，一般情况下，作动词时，表示实施某种行为或某事物的变化或所处的状态；而作名词时则表示实施该动作的人，所用的工具，该活动、该职业，以及事物所处的状态等。翻译亦是如此，作动词时表示翻译这种行为或活动；作名词时则表示从事翻译这种活动的人或这种活动所表示的职业。"他是一名翻译""这位翻译的水平高"等就是作名词的情形。"将下列日语翻译成汉语""将普通话翻译成藏语"则是作动词的情形。因此，汉语中的一个词既可作名词也可作动词时，其名词可视为从动词变化而来，弄清了它作为动词的内涵和外延，作名词时的定义也就较为容易了。

(二) 翻译的外延

翻译的外延，就是翻译适用的范围。只有弄清了哪些属于翻译，哪些不属于翻译，我们才能展开相应的研究和进行实践活动。

所以，作为翻译的定义，首先应该弄清它作动词时的情形，也就是要清楚地回答以下几个问题：

（1）翻译的主体——由谁来翻译？

（2）翻译的客体或对象——翻译什么？

（3）翻译的标准——怎样翻译？

（4）翻译的属性——翻译的本质是什么？

翻译的主体，就是要回答应该由谁来翻译，哪些人有资格做翻译，哪些人不能做翻译。因为不规定主体，一般只有两种情况，一是谁来做都可以，允许、同意所有人来做；或者是谁都可以做，承认谁都具备这种能力。但事实上，不论是翻译公司，还是所有的外事活动或跨语言交流活动，并非谁都可以来做的。换言之，并不允许所有人都来做这件事。第二种情况更不符合事实，就中国的国情而言，真正能做翻译的人，从总的人口比例来说还是很少的。

翻译的客体或对象，应该回答翻译的内容是什么。只有弄清了翻译的对象，我们才知道行为的具体内容，才能鉴别哪些属于翻译的范畴，哪些不属于这个范畴，以及翻译的任务和目的到底是什么。

翻译的标准更是一个大问题。在翻译界，一说到翻译的标准，大家可能都会认为，这早已形成定论：翻译的标准，不就是"信、达、雅"吗？诚然，翻译的标准是"信、达、雅"，这一点已经得到公认，而且"信、达、雅"的定义也已基本明了，但有关"信、达、雅"的内涵和外延，却仍然是一个不清楚的问题，就像到底什么样的译文才是好的译文，就是一个尚有争议的问题。

至今为止人们对翻译的定义，也未能清楚表明应该怎样翻译。即使有相关的说明，但因其说明未明确界定或论述不详，而难以操作。

关于翻译的定义，还须说明其本质属性问题。如下所述，作为一个概念的定义，它必须回答该概念的本质特征，只有这样，才能将翻译这一概念与其他概念明确区别开来，也只有回答清楚这个问题，才更有益于对翻译作进一步的研究。

二、翻译的主体、载体与客体

(一) 翻译的主体

翻译不是什么人都可以做或做得好的，从事翻译的人必须是具备两种或两种以上语言文字能力的人，即除了母语之外，还必须掌握第二或第三种语言。此第二或第三种语言是指除母语以外的其他民族或其他地区的人使用的语言，如果其母语是现代语时，其第二语言也可以是古语，并且这种第二语言仅仅学过还不行，其语言文字能力须达到相当的水平。就日译汉来说，翻译人员应具备日语能力考试二级以上水平，并学过相应的翻译知识，掌握相应的翻译技巧，做过相应的训练，只有这样才可以从事相关翻译工作。

(二) 翻译的载体

翻译的载体即翻译的表现形式，也称为"表现方式"，就是语言。通常情况下，在翻译行为中最常用的形式或载体是声音、文字、符号或颜色，以及肢体语言、行为语言等。

那么，什么是语言呢？广义的语言，是人们有意识地用某种载体或某些载体的组合按照一定的规则来传达情感、意义、思想、价值取向、文化等的一种手段或方法。

有意识是指为了实现某种目的而在意识的驱动下做某件事。有意识或有目的地按某种规则使用语言，并以此来传达信息是人和动物的区别。但这一界定也是相对的，比如，随着现代电子信息技术的发展，将来有神经系统及有思维能力的机器人出现后，这些界定就会被打破。现代社会一般意义上说的语言，是指有文字的语言。

语言的分类也可谓各式各样，不胜枚举。

从语言学习的先后顺序上分，可分为第一语言、第二语言、第三语言等。

从语言的国籍上分，可分为母语和外语。母语是指自出生时起就习得的语言，一般为本民族语言，所以它是每个人的第一语言。外语是指其他国家的语言。以上两者的区别是，当我们能说多种语言时，往往说母语、第一语言、第二语言；在掌握多门外语时，则会说母语、第一外语、第二外语等。

从语言的载体上来分，语言可分为相同的语言、不同的语言。相同的语言是指语音、文字或语法相同或基本相同的语言，如汉语的普通话和四川话，日语中的标准语和鹿儿岛方言。不同的语言是指语言的载体中有一种或几种不同，或全都不相同的语言，如汉语和日语，法语和西班牙语等，这些语言在语音、文字及它们的组合方式——语法等方面均有不同。

从表现形式上分，语言还可分为语音语言、文字语言、肢体语言或行为语言。

从使用语言的主体来分，语言可分为普通人的语言和非普通人的语言，如普通人的语言和哑语、盲文等；也可分为人类的语言和动物的语言，但严格说来，动物的语言不能算语言，而只能算一种信息。此外，语言还可分为人类语言和机器语言，如人的语言和计算机语言。从语言的表现形式、内容的优劣来分，还可分为高级语言和低级语言。高级语言指语音优美、结构复杂、用词精妙、形式多样或巧妙的语言，否则为低级语言。如人们常说的"动人的语言"或"难听的语言"，就属于高级或低级语言的范畴。

综上所述，由于语言的形式千变万化、应有尽有，所以翻译的形式也各种各样、丰富多彩。

(三) 翻译的客体

翻译的客体也就是翻译指向的对象。翻译的目的是传递信息，是将信息发出方，也就是将说话人或作者发出的信息，或某 (些) 人表现出来的行为语言和肢体语言传递给接受方，即听众或读者。所以翻译的客体是信息，这种信息包括意义、感情、文化及其组合等。

三、翻译成立的前提

翻译成立的前提是载体属性的相同或相似性，规则的可掌握性，即每种语言一般都是通过语音、文字或行为等形式来表达信息，且都有特定的规则，使用其他语言的人可以学习并掌握其规则。由此可见，虽然人类使用的语言林林总总，不下万千，却能彼此沟通，相互交融，正是由于各种语言之间使用大体相同的载体，都是语音、文字、行为等，各自都按照一定的语法规则来表达信息，也正是不同语言之间的交流即跨语言交流的出现，才催生了翻译这种行为乃至行业。

四、译者的素养

(一) 语言能力

作为一名合格的翻译工作者，首先应具备语言能力。这种能力既包括基础学力，也包括语言运用能力，要翻译出高雅的文章，还须具备创作能力。

1. 基础学力

(1) 一定的词汇量。

从理论上说，词汇量越大越好。词汇量的大小，还与所要承担的翻译工作的难度有关，越是复杂的文体、语体，或者所涉的专业越广，越需要大的词汇量。没有机构对"基本词汇量"作出规定，也很难规定这样的标准，原则上说，要具备能熟练运用日常交流所需的10000个以上词汇的能力，才拥有成为一名合格翻译的基本条件。但这也会因人而异，如日语专业的本科生，由于他们经过大量系统而专业的学习与训练，以致运用能力较强，所以有的同学外语词汇量虽不到5000，也会翻译得很好。

(2) 语法知识。

语法知识即掌握所用语言的常用句型及语法变化，以及这些句型及变化所带来的意义、语感或者所起的语法功能。

(3) 修辞手法。

对所用语言的各种修辞手法，理论上有较深入的理解。

(4) 文化修养。

文化修养即对所用语言的文化有较深刻的了解。具体来说，指系统学习过所用语言的各种文体如小说、散文、诗歌等，并能熟练运用各种语体如古代语言、现代语言、敬语、简语等，对该语言的各种文化载体比较熟悉，如各种艺术形式、体育形式、风俗、传统、行为习惯、心理习惯，以及对该国、该民族或该地区的政治、经济、历史、地理等有一定的了解。

2. 运用能力

仅仅具备基础学力未必能成为一名合格的翻译，还必须具备运用能力。所谓的运用能力，指的是能将上述所学的知识运用到翻译中去的能力。这就要求我们在学习一门语言的同时，进行大量的阅读、查询、咨询、实践（使用该语言与以此为母语的人打交道，进行大量的翻译练习）、研究（总结经验与方法等），研究出结果后，再进行进一步阅读、查询、咨询、实践（与使用该语言的人打交道时验证，翻译）、研究的训练，如此反复多次，方能养成较高的运用能力。运用能力具体指以下几点。

（1）遣词造句的能力。

以上所说的词汇量，指的是记住了10000个词汇的意义，但每一个词又有多个意义，并且在不同的语境下有不同的意义，或者说，将不同的词或句子进行不同的排列或组合又变成不同的意义。翻译所应具备的运用能力，正是这种将原文此情此景下表达的意义、情感或思想等转变成最恰当的译文的能力。

（2）语法知识的运用能力。

对于一名合格的翻译来说，语法知识也是指能否将原文的语法变化、各种句型，转变成最恰当的译文的语法变化和句型。

（3）修辞手法的运用能力。

原文中的修辞手法是否与译文的修辞手法相同，如果不同，翻译时该做何处理等，都是翻译时对修辞手法运用能力的一种考验。

（4）文化修养。

相对而言，对一名翻译工作者来说，文化修养是更高的要求，养成较深的文化修养也是更高的一项目标。它要经过大量的阅读、查询、咨询、实践、研究才能实现。比如，原文中的某种行为相当于译文中的哪种行为？日文中的和歌、俳句译成中文时该做何处理？中文中的歇后语又该怎么翻译成日文等，都会考验翻译工作者的文化修养。

3. 创作能力

要想成为高级翻译，只具备基础学力和运用能力还不够，还得具备创作能力。具备极高的再创作能力是翻译的最高目标，衡量是否具备这一能力的标准有以下几点：

（1）原文没有任何隐含意义时，翻译得恰到好处。做到"增加一词嫌长，减少一词嫌短，改变一词遗憾"。

（2）在原文有隐含意义（深刻意境、文化内涵、深邃情感等）时，译得精妙。在不改变原文意义、情感及思想的前提下，做到雅俗共赏，回味无穷。

（3）表现形式、修辞手法恰当而丰富。实现"译人妙哉！此译只应天上有，世间哪得几回闻！"有人会说，这样的目标"可望而不可即"，又岂是人人做得到的？其实，只要我们有信心，日积月累地反复阅读、查询、咨询、实践、研究，持之以恒地训练、完善、再训练、再完善理，就是"人人得而达之"的。其具体做法如下：

①遣词造句。对译文中的一些关键词，不断变换词典（原文词典和译文词典）中查到的词，再阅读译文，再变换、阅读、完善。如均不满意，则可不用词典中的词，而在原文意义的基础上创造出新的译文词汇。但要注意：一般情况下，我们不提倡生造词汇，并要慎用日语中的汉字词汇。作为创新的开始，我们可尝试将其他语境下的词汇用到此情此景的译文中来，给自己亲近的人出选择题，让他们选择答案；或出问答题，让他们找答案；或向相关语言的专业人士咨询、请教。

②改变原文句型或语法等。如将日文中的被动句改成中文的主动句，或将中文的主动句改成日文的被动句；或将日文的肯定句型改成中文的否定句型，或反其道而行之。

③转变表现形式或修辞手法。日文中将某种抽象的事物比喻成具体的事物时，翻译时试着将具体事物比喻为抽象事物；或反其道而行之，将日文中的托物言志，转变成中文的借景抒情等。

④改变文化表现形式。如将日文的和歌、俳句改成中文的古典诗词如唐诗、宋词，或将中文的歇后语译成日文的幽默话语，将日文诗词译成中文的现代（汉语）诗歌，或将中文的古诗词译成日文的现代诗歌等。

为了增加趣味性，进行翻译训练时，我们宜选择幽默词典、抒情散文、有内涵的流行歌曲、名言、警句等来开始训练。

4. 母语能力

按理说来，具备较高的母语能力是每个人应有的素质，但翻译所需的母语能力又有所不同。一般来说，日常生活所需的母语能力，只要能读懂文章大概意思，或能够写出自己的主要思想、大概情感就可以了，但对于翻译来说，尤其是笔译，要做到精确运用才行。因为我们日常生活中使用的母语，即便不能表达得十分清楚，甚至表达有错误，也还有机会纠正。对文化也一样，中国人之间进行交流时，交流不通时可用多种方式进行。如果北京人对四川人说了什么，四川人听不懂，北京人可以用语言来解释，用手势来表达，用相应的图片或物体来说明。但翻译时，一旦将译文交给用户或所译作品已经出版，它就一定会形成本书上文中所说的某种后果，再去弥补就得花加倍的功夫。所以翻译要求我们对自己的母语具备较强的精确运用能力，这种能力包括精确的阅读能力和写作能力。

（1）系统学习过古代汉语、现代汉语，具备精确读懂和写作的能力。

（2）系统学习过汉语的各种表现手法和修辞手法。首先需要对这些表现手法或修辞手法有较深入的理论上的了解，其次需要有对这些表现手法或修辞手法进行过大量训练的经验。

（3）对各种文体进行过系统的学习和训练。尤其是诗歌、散文等有深邃意境的文体，没有经过大量的阅读、写作方面的训练，是读不出更写不出其意境的。

（4）文化修养以及将这种文化修养表现成文字的能力。即我们对中国的政治、经济、历史、地理、文化等有全面的了解，并能将这些知识用文字等形式表现出来。

5. 日语能力

一般来说，通过了日语能力一级考试，就可进行翻译。但在翻译之前，我们建议进行以下项目的训练。

（1）系统学习过古代日语、现代日语，具备精确读懂和写作日语的能力。即大量阅读各种文体的日语文章，让自己具有精确读懂各种语境、语义的能力。大量阅读名著，如具代表性的小说、诗歌等作品，然后再循序渐进地读一些和歌、俳句，《源氏物语》及专业著作等。

（2）在阅读上述文章的时候，掌握大量的各种日语表达习惯、表现手法和修辞手法。在学习时，我们通过听讲、查询和请教等方式，对日语中的各种表现形式或修辞手法，要有较深入的理论上的了解，然后通过大量的阅读或写作，来加强自己这方面的能力和技巧。

（3）文化修养以及将这种文化修养表现成文字的能力。这要求我们的学习要涵盖日本的政治、经济、历史、地理、文化等方面的内容，通过反复阅读→查询→咨询→实践→研究的过程，养成将日本文化用文字等形式表现出来的能力和技巧。

（二）其他素养

1. 专业知识

（1）日语专业教学及相关文化背景。

翻译人员的主要任务，就是将反映在同一事物上的两种不同的语言形式实现互译。而教师则是主要通过教科书等媒介与学生进行思想交流，这一过程中教师是教学活动的实际组织者和操作者，将书上的内容教给学生，并力求做到使学生的学习效果达到最大化，教师知识水平的高低也正是通过这样的过程体现出来的。

（2）扎实的日语专业知识及深厚的日本文化素养。

扎实的日语专业知识及深厚的日本文化素养是对翻译和教学两大工作最重要的要求。无论是教学还是翻译工作，人们对日语专业知识精通的重要性不言而喻。因为只有在深厚扎实的专业知识基础上，教师才能传道授业解惑；翻译人员才能实现日语原文与母语的转换，并且在这个过程中保证翻译的贴切、真实、优雅，符合汉语的表达习惯。在实际的教学活动中，教师组织教学能力的强弱往往与其对日语课程的把握程度有很大关系，只有对日语知识有一个系统地掌握之后，才能逐步有效地开展教学工作，才能高效地完成各门课程所规定的教学任务，否则连基本的教学任务都无法完成，更无从谈起教学创新和科研。翻译重在重视两种语言的转换，对日语词义、语法以及句子的修辞等语言知识的掌握有一定要求。虽然翻译是相互的，但由于汉语是我们的母语，有着天然的亲切感，因此译者对母语的学习速度要远快于日语。因此，学生要在不具有先天优势的日语上多下功夫。仔细分析教学与翻译这两种职业后发现，不管是翻译还是教学，实质上都是一种语言在思维层面上的互译过程，都以从业者深厚的日语语言知识为背景，通过人或物的媒介，把信息传递给接受者。二者的主要差别则体现在接受的对象和最终目的上。

（3）非日语语言知识。

仅拥有丰富的日语语言知识对于做好翻译和教学工作是不够的，还需要掌握大量的非日语语言知识，包括日本的历史地理、文化传统、风俗习惯、现代科学及政治常识，等等。众所周知，新社会经济形势下的日语教学不是单纯的语言教学，以语言为载体的文化风情也需要运用新的方法和手段传授给学生，把日语中的新知识新思维传递给学生是广大教师从业者面临的新的课题。同样的，日语翻译也有别于其他的语言翻译，因为日语有着明显的独特的语言特征，包括日语语法的复杂性、敬语、女性用语、隐语以及语言禁忌等现象的存在，使得做好日语翻译绝非仅拥有单纯的语言知识所能达到的，这也必然要求翻译有相应的语言文化背景做依靠。

2. 品德修养

翻译是一种传播文化，它是在两种不同语言及文化的人群之间充当信息交流的桥梁作用的一种媒介活动。所以，作为一名翻译工作者，从品德修养上说，主要指知道哪些作品该翻译或值得翻译，哪些作品不该翻译或不值得翻译，以及根据我们自身的能力决定哪些资料我们能翻译，哪些资料我们不能翻译。

（1）思想道德。

第一，要站在有利于人类文明的角度兼顾爱国主义的立场上去翻译，尽量传播原文所表现的优秀文化，尽量翻译那些原文表现优秀的、先进的以及美好的事物，对那些文章或资料表现出不利于人类交流与发展，或可能给社会带来消极作用的作品或资料，除特定情形如为了研究的目的外，都不应翻译。

第二，对别人委托自己翻译的资料，要先了解该资料属于什么性质，难度如何，可能花多少时间，要根据自己的能力来决定是否承接该项翻译。比如，如果你没有系统学习过法律专业知识，但对方要翻译法典（如《日本民法典》），你就不应接受这样的工作，它不是你力所能及的，硬撑着接过来会让你吃力不讨好，这样既损害了你的声誉，也会给对方增添极大的麻烦。

（2）工作作风。

工作作风方面，总的原则是保证翻译质量——尽全力把它做到最好，按时交付译文。在接手翻译之前，我们应将困难想多一些，并有应对措施。

一旦答应了对方交付译文的时间，我们就须在保证翻译质量的前提下，按时交付译文。从工作作风上说，翻译应形成以下几种习惯：

第一，要养成兢兢业业、一丝不苟的工作作风。翻译对译文一定要一校、二校、三校，对技术性很强的文章，或可能引起严重后果的文章，更应校正多次。

第二，热情、细腻的手法。人们要对翻译工作有热情，最好把它当作一种爱好，对关键的字、词、句，要反复推敲，以致最好。审校时，译员要细腻到每一个符号、字体、字号，每一种颜色以及每一句的结构、逻辑关系，更要关注段落之间的衔接，整篇文章的语体、文体等。

第三，严谨、科学的翻译态度。译员对自己没弄清楚的问题，要通过查询各种资料，向相关专业人士请教等方法得出答案，仍没有把握时，要及时告诉用户。我们要记住，特别是对生产性资料的翻译，如果出了问题我们是负有法律责任的。

3. 职业心理素质

日语翻译与教学不仅是与日语联系最密切的工作，而且对从业者的身心素质也有较高要求。特别是在目前竞争激烈、就业形势严峻的社会形势下，翻译与教学工作从业者的心理素质更为重要。良好健康的心理不仅在人生观、择业观和价值观上发挥着重要作用，也有利于培养人们树立正确的职业道德，促进人际关系的和谐。

日语语言知识具有复杂性，其内在的语言规律和语言逻辑非一朝一夕之功就能完全掌握的。从掌握这些纷繁复杂的语言文化到具体实践中的运用，需要我们不断地改进和完善，没有坚持不懈的努力几乎是不可能实现的。

第二节　翻译的种类

一、翻译的分类标准

由于"翻译"这个词有两种词性，它既可作名词，也可作动词。其作动词时一般只用于"把……翻译成……"的场合，即指翻译这种行为，它有口译和笔译两种分法。其作名词时意义较多，一般指职业或行业，也分为口译和笔译两种。因区分标准不同，翻译可有各种各样的分类。其主要的区分标准有语言的种类、翻译方法、翻译的表现形式等。

二、从翻译的主体或载体分类

以翻译时所用语言的种类来分，翻译可分为不同语种之间的翻译、相同语种之间的翻译。

不同语种之间的翻译：母语和外语的翻译；将本民族使用的语言信息翻译成其他民族使用的语言信息，如将汉语翻译成藏语。概括地说，这两种情况是将本国、本地区、本民族使用的语言翻译成其他国家、地区或民族使用的语言，或将其他国家、地区或民族使用的语言翻译成本国、本地区、本民族使用的语言的翻译。

相同语种之间的翻译：从语言的不同时期来分，可分为将古文翻译成现代文，或将现代文翻译成古文；从使用的不同人群来分，有哑语的翻译，盲文的翻译；从使用人口所处地区分，如将普通话翻译成四川方言、将普通话翻译成北京方言。这一类翻译一般多指普通话或标准语与方言、俚语之间的翻译。

三、从方法上分类

关于翻译的方法，有很多说法，一般认为，翻译可分为音译、顺译、变译、直译、意译、明译、暗（隐）译、加译、减译、分译、合译、正译、反译等。

也有人认为，关于翻译，掌握以下方法即可满足一般的需要。

（1）直译法——就是按照文字的字面意思直接翻译过来。

（2）同义习语借用法——两种语言中有些同义习语无论在内容、形式和色彩上都有相符合之处，它们不但有相同的意思或隐义，而且有相同的或极相似的形象或比喻。翻译时如果遇到这种情况不妨直截了当地互相借用。

（3）意译法——有些习语无法直译，也无法找到同义的习语借用，则只好采用意译的方法来对待。

（4）省略法——汉语中有一种情况，就是习语中有的是对偶词组，前后含意重复。遇到这种情况时可用省略法来处理，以免产生画蛇添足之感。

（5）增添法——为了要更清楚地表达原意，有时要结合上下文的需要，在译文中增添一些说明。

（6）还原法——一些习语源于日语，翻译时可使之还原。

还有人认为，词的翻译方法有音译、意译、音意合译、换译、增译、减译、明译（把意思含蓄、深藏不露的意思明确地翻译出来）、含译（用含蓄、变化的方法翻译）、反译。句子的翻译方法有改序译、拆译、并译、拆并混合译等。

另一种观点认为翻译的方法有顺译、倒译、分译与合译、意译、加译、简译（减译）、变译和反译。

由于以上最后一种说法基本涵盖了前面的方法，所以总体上说，本书更赞成最后一种观点。但这种观点中漏掉了音译，简译这个名称似也有"简单地翻译"之嫌，而且，以上几种观点都没有美化的方法，但这又是翻译方法中必不可少的方法。所以本书认为，翻译方法有顺译、音译、倒译、分译、合译、意译、加译、减译、变译、反译和美化11种。

四、从语言的表现形式上分类

从语言的表现形式上，翻译分成口译和笔译两种。人们常说的翻译，主要指的就是母语和日语之间的翻译，包括口译和笔译。本书中的翻译，除特定情况外，一般也是从这个意义上来论述的。

（一）口译

口译是指通过声音、手势、表情及肢体语言等在现场或即时传递信息的一种翻译，或将一种语言的声音、手势、表情及肢体语言等表现为另外一种语言的活动。通常情况下，口译是指将一种语言用声音表达的信息经再创作后，用另外一种语言的声音形式表达出来的活动。如果把这种翻译叫作声音翻译的话，其他的还有手势、表情等肢体语言的翻译，以及对行为的翻译。

（二）笔译

笔译是指通过文字、图像（图画）、色彩、表格等来将一种语言所表达的信息用另外一种语言表达出来的活动。笔译主要是指文字翻译。但笔译中经常伴有图像、色彩、表格等的翻译。也有人把翻译叫笔译，把口译叫即时翻译，或同声传译。但有时同声传译也指一种状态或水平，如"他达到了同声传译的水平"，它还指高级翻译这种职业，或从事该职业的人，如"我是一名同声传译。"由此可见，人们常说的同声传译，一般指具有极高的口译水平，或从事这种翻译工作的人。

（三）口译和笔译的区别

口译和笔译的特点与要求等不尽相同。

从特点上说，大多数情况下，口译语气较为随便，形式极其多样，但正式场合一般只用声音语言。笔译除手机短信、电子邮件等的翻译外，语气较为庄重，形式较为固定。

从要求上看，笔译的要求较高，即只要可能，就要将原文表达的信息在不随意增加、减少或改变的情况下充分地表达出来。它既要表达其表面的信息，也要表现其隐含的信息，既要表现其字面意思，也要译出其隐含意义和文化背景。口译则略有不同，除正式场合外，口译的要求不高，尤其是生活用语的口译，一般只要将大概意思表达出来就行了，不必也无暇深究其详尽的含义、背景等。生活用语也可叫不正式的口语。与此相对，正式场合下使用的口语叫正式口语，正式口语的要求则与文章用语一样。正式场合下的口译和笔译的要求基本相同。重大谈判及为国家领导人做翻译时的口译，比一般的笔译要求更高，在翻译时最好精确到细小的语气、表情，深入到隐含的语义及说话人的文化背景等信息。所以，开始学习第二语言时就要养成大量笔译的习惯，这会让我们翻译出精确且高质量的作品。也只有通过大量的练习，才会让我们掌握各种词（尤其是一些较难的词、多义词）、短语、句型、文体及各种场面的翻译方法，并深入到自己的观念中，成为自己的翻译技能，为以后做一名好的口译——出口成章打下基础。

第三节　翻译的本质

一、翻译的本质概述

翻译的本质是一种行为，一种语言（译文语言）的再创作行为。使用原文来表达某种意义、感情、语境及文化的语言创作是原创，一般指用自己的母语进行的创作。翻译的创作则要在原文意义、语境下，照顾到原文文化所进行的创作，即原文中是什么人（基本情况及文化背景）、在什么时候或何种状态下、因什么原因（或为什么目的）、以什么状态做了什么事或做了多少件事、结果如何或造成什么后果等。再创作的语言所表达的必须是与原文相符的内容。

二、翻译的本质——行为

翻译的本质，即翻译的属性，或翻译的性质。虽然也有一些学者对此做过讨论，但至今尚无确切定义或定论。有的人认为它"实质上是同义句的创作"，有的人认为它"是一种艰苦的脑力劳动，是一种再创作"。这两种定义，都认为翻译的性质是"创作"，但严格说来，"创作"不属于性质的范畴。"脑力劳动"也好，"创作"也好，都应属于行为的范畴。

(一) 翻译是一种"表达"行为

从翻译的定义可知，翻译是一种"表达"行为，所谓"表达"，即"说出或写出思想感情"。众所周知，通常我们在表达即说出其意思或写出某种信息前，都是将自己的思想、信息或感情经过加工后通过某种载体表现出来。这种加工，一般都有创作的成分，不管我们意识到没有，它都实实在在地存在。也正是这种创作能力的高低，决定了我们表达能力的高低。所以，不同的人即使表达同一事物，其效果也会大不一样。这种表达，指的是用母语进行的表达，而我们在翻译时，却是将一种语言文字表达的信息表现成另外一种语言文字即译文的语言文字。换言之，这就是在读懂原文的基础上，将读懂的信息创作成另外一种语言文字，所以它是一种再创作。这里的"再"，是指在原文的基础上再次进行创作的意义（原文已经有一次创作）。事实上，我们在翻译时，不论是将日语翻译成自己的母语，还是将古代作品翻译成现代作品，或者翻译成哑语或盲文，都需要进行再创作。

语言是一种相对复杂的方法或手段，要想用好这种方法或手段，必须下大功夫才行。在我们的生活中，常常会听人说道："哎哟，今天我那句话没说好，惹他生气了。"也有人说："他今天说得真漂亮，我服了他了。"而我们在生活、工作中，与家人或单位的同事、上下级处得好与不好，很大程度上都取决于语言的使用能力与技巧。这里说的语言，往往指的是自己的母语，即自出生起就习得的语言，也指一些特殊人群长期使用的语言，如盲文、哑语等。不管哪一种，都是经过长期使用的、有较高熟练程度的语言。

使用自己的母语尚须下如此大的功夫，即施以必要的创造活动，才能很好地表达自己的思想；而要将传达的意义内容或感情，用另外一种语言即母语或长期使用的语言之外的语言（一般指日语——以下同）来达到同样的目标，自然要困难得多。这是因为，一个人学习或使用日语的时间一般都远远没有学习或使用母语的时间长，学习和使用日语的环境往往都不如学习和使用母语的环境好。因此一般来说，一个人日语表达能力和技巧都远远不如母语高，其掌握的日语语境下的历史、地理、风俗习惯、文化等一般都远远比不上母语的相应信息，更何况在使用日语来传递信息时，还涉及各个领域的专业知识，这就大大增加了翻译的难度，需要下大功夫进行再创作。

汉语中的"翻译"一词可作名词。其作名词时一般有两个意思：一是职业，如"翻译这碗饭可不是好吃的""我的职业是翻译"等句中的"翻译"；二是担任翻译的人，如"我是一名翻译""那个翻译很漂亮"等句中的"翻译"。其也可作动词，如上文所说的翻译。本节主要探讨"翻译"的动词属性。有人说"我学日语的目的是翻译与我专业相关的资料"，此处的翻译是一种目的，但从属性上讲，它仍是一种行为，这种行为可分为传递信息的行为和媒介行为。

（二）传递信息的行为

由于翻译是将一种语言文字的信息用另外一种语言文字表达出来，也就是将信息从发出方即说话人或作者传递给接受方即听话人或读者的一种行为，所以它是一种传递行为。这种行为要完成的任务是传递信息，即将一方发出的信息尽可能完整地传递给另一方。

(三) 媒介行为

翻译是一种中介行为或媒介行为。这样的性质，决定了它必须有创作活动。因为它不是一种机械地或原封不动地将一方信息传递给另一方的活动，而是要施以必要的加工，即进行再创作 (在原文创作基础之上的创作) 的行为。这是由两种语言的不同表达形式以及原文和译文不同的表达习惯或文化背景决定的。它不但要求翻译的人掌握熟练的原文、译文两种语言能力，还要求翻译的人具备两种语言环境下的表达习惯和文化方面的知识，具备翻译方面的知识或技巧，并在翻译活动中熟练地运用这些知识、能力和技巧将发出方的信息完整地传递给接受方。

媒介行为还有一个特点，那就是通过中介人的再创造，使得两种不同政治、经济、历史、地理及文化环境的人或人群达成彼此沟通和了解。从这个意义上说，翻译是真正的友谊天使，翻译是交流的桥梁。

总之，翻译有语言文字上的难题、表达习惯上的差异、专业知识上的不足、文化上的不同甚至大相径庭，也正因为如此，对于翻译而言，正可谓任重而道远。

第四节　翻译的形式

一、相同形式的翻译

相同形式的翻译是指信息发出方使用什么形式，翻译时就用什么形式。也就是信息发出方用声音说出来的，翻译时就用声音翻译，信息发出方是用文字表达出来的，就用文字翻译。如果信息发出方是用多种形式表达出来的，就用多种形式翻译。一般情况下，相同形式的翻译用得较多，其形式一般有以下几种：

(一) 声音——声音

人们常说的口译，也就是声音对声音的翻译，是将说话人说的话，用另外一种语言也采用说话的方式传递给听话人的翻译方法。可以说这是最常见的翻译形式，也是人们最容易接受的形式。它不用听话人事先做准备，听话人也不一定非要对此做出回应。比如，日语导游的翻译，就属于这种情形。

声音对声音的翻译较难把握，翻译时容易遗漏或遗忘信息。这种遗漏既可能是翻译的人，也可能是信息接收方。这就要求担任翻译的人听力好、记忆力好、口语好、反应快。

这里的听力好有两层意思：一是耳朵这种器官的机能正常或良好，能清晰地听到各种声音；二是听原文，往往指听日语的能力。在翻译工作中，这既指听懂说话人所用语言的能力，也指听懂听话人所用语言的能力，尤其指在用第二、第三语言担任翻译时的能力正常或良好。

所谓记忆力好，是指翻译的人在听了信息发出方发出的信息后，能完整地记住这些信息并传递给信息接收方。但对信息发出方发出的信息，翻译的人不可能都完整地记住，尤其是很长的发言，所以最好的办法是具备速记的技能。对于立志当翻译的人，可从学习之初就开始有意识地训练：先训练母语的速记，再训练第二语言、第三语言的速记。

口语好是指发音清晰、说话流畅，它包括两层含义：一是指原文（信息发出方）的口语好，二是指译文（信息接收方）的口语好。

反应快则指能将听懂的信息迅速转化为另外一种语言的能力，即完成再创作的速度快。为了实现这一目标，在学习和使用第二语言的过程中要培养以下习惯。

（1）养成每天听第二语言，边听边大声翻译出来的习惯（时间可根据所学进程而定，资料除购买外还可到网上去查找）。

（2）在学习第二语言的过程中要经常找机会与使用该语言的人交流，找不到这样的人时，则可每天找学习伙伴就当天所学的第二语言的内容进行会话练习。

（3）对当天学过的内容，要看着母语译文，用第二语言说出相应的信息，经常做造句练习。

（4）作为辅助手段，也可做一些训练脑快、手快、口快等方面的练习。如绕口令练习、对着镜子做演讲练习、打乒乓球；看第二语言的电视剧、电影，将生活中听到的母语翻译成第二语言等活动。

(二) 文字——文字

文字对文字的翻译，也就是将一种文字表达的信息用另外一种文字表达出来的行为，即人们通常说的笔译。这种翻译形式的特点是除特定情况外，一般不要求速度，但对精确性要求较高，因为它的读者在阅读时也有从容的时间慢慢考虑，所以即使是不懂原文的人，也常常会发现翻译的问题。此外，笔译对语言尤其是译文语言能力的要求很高，因为翻译质量的高低，就是通过译文表现出来的。特别是翻译大赛等场合，其要求不但要忠实于原文，而且要将原文的细小的语气、隐含的语义及原文文化所表达的意义等都淋漓尽致地表现出来，还要求语言优美，修辞巧妙。

要达到很高的笔译水平，不是一天两天能实现的，它需要进行大量的、各种文体和意义内容的训练。但如果把它视为学习的一种调节，每天做这样的练习，使得自身原文和译文语言能力不断提高、研究能力也得到迅速提高的话，则会乐此不疲的。所以，我们如果能养成以下习惯，就会发现自己的笔译能力在很短的时间里得到飞速的提高：

（1）将每天所学的课文翻译成文字；

（2）将该教材后的译文译成原文，然后对照其正确性；

（3）如果出现问题，要找出原因，并用本书中的各种方法去尝试。

(三) 肢体语言——肢体语言

肢体语言也叫体态语，是指信息发出方通过变换身体各个部位的各种姿势来表达信息（感情和意义内容）的行为。肢体语言对肢体语言的翻译，也就是将信息发出方用肢体语言表达的信息也用肢体语言传递给另一方的行为。这不但要求翻译要对信息发出方的肢体语言有充分的了解并能熟练运用，还要求对信息接收方的肢体语言也能熟练运用。肢体语言的翻译一般在口译中出现得较多。

一般来说，担任翻译的人对母语中的肢体语言较为熟悉，而对第二语言及以外的肢体语言了解和运用得都不多。所以要求我们从开始学习时就要细心地观察第二语言使用人群的肢体语言，并经常做模仿练习。这是一项很有趣的工作，但需要我们大量细致而耐心的观察与模仿，尽量多地阅读这方面的书籍，才能实现熟能生巧、肢体传意的目标。日语中有以下常见的肢体语言：

（1）鞠躬表示感谢、道歉等。初次见面的鞠躬表示恭敬、尊敬；

（2）两只手掌伸开表示数字"十"；

（3）低头表示恭敬或聆听；

（4）微笑表示友好或欢迎。

(四) 行为语言——行为语言

行为语言是指通过各种行为来表达感情、意义内容或文化的形式，是除声音、文字以外运用得最多的一种语言表达形式，也可以说是委婉地表达信息的一种形式。往往用于不便或不愿直截了当地表达信息的情形，也可用于声音或文字不能充分表达感情或意义的情形。日语中常见的行为语言如：

（1）送礼表示感谢或友好（讨好）；

（2）对别人的请求或别人要求表态时，找各种借口或拖延时间来表示拒绝；

（3）沉默表示不满、不高兴、不同意或拒绝。

肢体语言是指通过身体各个部位的姿势或动作来表达某种信息的语言。行为语言则是通过行为即做事来表达信息的语言。有的人也把肢体语言归为行为语言的范畴。两者的区别是前者只涉及使用语言的人的身体，后者还与其他事物有关。

行为语言的翻译是指将信息发出方用行为语言表达的信息，用声音或文字传递给信息接收方的翻译行为。

由于行为语言是不愿、不便或不能采用声音和文字来表达感情、意义或文化时所使用的形式，因此建议信息接收方巧妙地运用行为语言往往能起到意想不到的效果。但这要求我们对信息发出方和信息接收方的行为语言都要有充分的了解并能熟练运用。

二、不同形式的翻译

在一些情况下，人们也使用不同形式的翻译，即翻译时采用与信息发出方不同的形式进行翻译。如将信息发出方说的话翻译成文字，或将信息发出方写的文章翻译成声音等。一般用于不愿、不便或不能使用信息发出方使用的语言形式来翻译的场合，也可用于不便或不能向信息接收方充分地传递信息发出方的信息时的场合，以及在一些特定情况下使用。

(一) 声音——文字

声音——文字也就是将信息发出方用声音发出的信息用文字来表达的翻译形式。虽然也有翻译时不便或不能将信息发出方用声音发出的信息仍用声音翻译给信息接收方的情况，但一般情况下，声音对文字的翻译，总的来说是将信息发出方以较随便的形式发出的信息，用更为正式或更为精确的方式表达出来的行为。这里的"正式""随便""精确"都是对信息接收方而言的，这是因为对信息接收方来说，声音这种语言形式简便、易懂。但也有它的缺陷，那就是容易使信息接收方遗漏信息发出方发出的信息。所以也可以说，正是为了克服这些缺陷，并使信息接收方更方便和容易接收信息，声音对文字的翻译才应运而生。如将某人的发言或电话录音翻译成文字，如电影、电视剧中的字幕翻译等。这种翻译对译文的要求和笔译一样，对"达"和"雅"的要求比口译即声音对声音的翻译水平更高。

(二) 文字——声音

文字对声音的翻译，也就是将信息发出方用文字表达的信息用声音的形式表达给信息接收方的翻译。这种翻译虽然也有其他情况，如不便或不能将信息发出方用语音表达的信息传递给信息接收方等，但主要是为了让信息接收方更容易接收信息，才采用这种形式的翻译。一般有以下情况：

（1）更为快捷地将信息发出方发出的信息传递给信息接收方。如将客户的传真翻译给公司负责人听；在大会中翻译、宣读远方来的贺信；将他人的发言稿用声音表达等。

（2）与文字信息相比，声音形式的信息让信息接收方更容易接受。如将电影、电视中的文字资料用声音表达等。

（3）不便或不能用文字信息的方式传递给信息接收方。如对方传来的本是文字信息，但当时没有打印机或复印机，翻译后就只能用阅读的形式传给信息接收方听了。又如，以日语为母语的客户发来传真了，但总经理眼睛受伤正在住院，就不能翻译成文字，而只能以声音形式念给他听。

（4）其他特定情况。

文字对声音的翻译一般都是先把它译成文字，再以声音的形式表达出来。在一些紧急的情况下则需要即时翻译成声音。前一种情况要求笔译水平要高，后一种情况则要求翻译的人口语水平要好。

（三）行为语言、肢体语言——声音、文字

一般来说，对信息发出方用行为语言、肢体语言发出的信息，翻译时多采用声音或文字进行翻译。这是因为，翻译只是一种媒介行为，即将信息传递出去后，一般都是由信息接收方来采取行动。所以翻译时一般采用声音或文字的方式来翻译。

至于到底是采用声音还是文字，则要视情形而定。比如，信息发出方和信息接收方都在现场时，就采用声音的形式；别人打电话问你对方这些行为表示什么意义时，就采用声音的形式；而当双方不在现场或不在同一地方时，或这一行为语言或肢体语言表达的信息对信息发出方或对信息接收方而言是很重要的信息时，采用文字的形式比较正式。

（四）声音、文字——行为语言、肢体语言

声音、文字——行为语言、肢体语言是指将信息发出方用声音或文字发出的信息，用行为语言或肢体语言传递给信息接收方的翻译形式。这种形式只在特定情况下使用。一般为信息发出方为了表达特定的信息，又不愿、不能或不便用声音或文字来传达信息时采用的形式。比如，一个中国人要表达对一个日本人特别的敬意时，就不妨建议他以茶道仪式招待日本人。但这种翻译形式要求翻译的人对双方的行为语言或肢体语言有充分的了解并能熟练运用，因为把行为语言或肢体语言用好了会起到意想不到的效果，但用不好则会造成不必要的误解。

三、多种形式并存的翻译

虽然常见的翻译是声音对声音或文字对文字的翻译，但在实际翻译工作中，更多的是采用多种形式并用的翻译。较为常用的多种形式并用的翻译

形式有以下几种：

(一) 口译的常见形式——声音、肢体语言并用的翻译

表情丰富的人在说话时，都会在说话的同时做各种肢体语言的动作，这就要求翻译的人在翻译时既用声音翻译，也要连比带画地翻译。不然，听的人会问你："他刚才那个动作是什么意思呀？"而且，伴随有手势等的翻译，也更为生动、有趣，让听话的人能切实地感受说话人的感情或态度。这也是口译中最为常见的形式。

(二) 文字、图像、表格、色彩等并用的翻译

文字、图像、表格、色彩等并用的翻译是笔译最为常见的形式。这是因为科学技术已经深入我们生活的方方面面，现代人要表达某种信息时，仅仅用声音或文字难以充分表达其感情或意义，所以往往原文就采用了各种形式来表达信息。通常情况下，照原文翻译就行了，但在一些特定情况下，如原文中表格、图像、色彩表达的信息与译文含义不同的情况下，就得对原文的相应信息进行必要的文字说明，或换成相应形式来翻译。

(三) 口语、书面语并用的翻译

笔译中经常出现口语、书面语并存的情况。而在口语中则经常出现生活用语和正式口语并存的情况。总的说来，中文的口语较为随便，对信息接收方不太恭敬，而书面语则较为正式，对对方很客气、尊敬。所以在正式场合用书面语进行翻译，在一般的生活场面则用口语进行翻译。日语则不同，书面语一般只用于写文章或演讲等场合，在正式演讲时通常也用口语，即日语的敬语多用于口语，在日常交往中书面语用得很少。一般而论，日语中的生活用语较为随便，正式口语较为庄重，所以就口译而言，对相对陌生的对象用正式口语翻译，对比较熟悉的人则用生活用语进行翻译，对应该尊敬的人或想尊敬的人用正式口语翻译，否则用生活用语翻译即可。

(四) 古文、现代文并用的翻译

在原文既有古文，也有现代文时，翻译时就可古文、现代文并用。古

文的特点是庄重、典雅、深邃，但较为生涩，不太好懂。现代文的特点是通俗易懂、亲切随便，但不太庄重、典雅。所以在信息发出方要表达庄重、典雅、含蓄的意境等情况下，译员可用古文翻译，否则就用现代文翻译。原则上，原文是古文就用古文翻译，原文是现代文就用现代文翻译，但对一些原文是古文，又很难找到对应的古文译文时，也可用现代文翻译。

(五) 通用语与方言并用的翻译

几乎每一种语言中，都存在通用语与方言的问题。所以翻译工作中也常常会碰到方言的翻译问题。甚至还有个别人用方言中的语句来表达特定意义的情况。除非特定情况，一般情况下，采用中文的普通话与日语的标准语互译、方言译成通用语 (即将原文中的方言译成日语的标准语、汉语的普通话) 即可。译员只有确认原文方言的意思明显与译文方言的意思相同，才能译成方言。

第五节　翻译的任务

翻译是将一种语言表达的信息用另外一种语言表达出来的活动，也就是将信息发出方发出的信息用另外一种语言，即信息接收方明白的语言传递给信息接收方的行为。所以翻译的任务就是传递信息，所传递的信息可分为主观的信息和客观的信息。主观的信息主要指信息涉及对象的感觉、感情、心理状况、思想或思想体系等；客观的信息即客观事物，主要指人的行为、行为所及的事物及行为本身或事物所处的状态等；也指在一种政治、经济、历史、地理及文化下创造的所有物质财富和精神财富的总和。

除特定情况外，翻译正是通过将这些信息从一方传递给另一方，使双方能够实现真正意义上的理解和沟通，从而产生友谊，进行贸易往来、文化交流等各方面的交流活动。这才是翻译的真正价值所在，也是当今和未来社会翻译应该追求的目标。

一、传递感觉、感情、思想

感觉是"客观事物的个别特性在人脑中引起的反应，是最简单的心理过程，是形成各种复杂心理过程的基础"。感情是"对外界刺激的一种强烈心理反应或受到外界影响而产生的情绪，或对人对事物关切、喜爱的心情"。思想是"客观存在反映在人的意识中经过思维活动而产生的结果。也叫思想体系"。概括地说，思想就是人（群）对客观事物的反映。但人或人群会因政治、经济、历史、地理及文化的不同，而对客观事物产生不同的反应，所以翻译的任务就是通过再创作活动，将信息发出方发出的这些人的反应，用恰当的语言，充分地传递给信息接收方的行为。

对于这样的信息，有的较容易翻译，有的则很难翻译，比如，日本人认为窗户纸在修补时贴上红叶或樱花（等形状的纸）后比原来更美这样的文化习惯，简单加以说明就可以了。

二、传递意义内容

人的行为、行为所涉及的事物、行为本身和行为所涉及事物所处的状态也会因政治、经济、历史、地理及文化的不同而表现出不同的状态。即人的行为方式，行为所涉及事物，行为所产生的后果，社会对这种行为的态度等都会因其所处的政治、经济、历史、地理及文化的不同而不同。

同样，对政治、经济、历史、地理及文化的相应信息，有的也是很不好翻译的，对这样的情形，也许在平常的学习中多积累，碰到这些信息时找出一些翻译的方法，或形成定型的语言概念，才是最好的办法。

三、传递价值取向和文化

价值取向是指人们因所受教育程度、生活环境或自身经历等而形成的对事物的评价，比如，对好与坏的追求，对美与丑的评判，信仰和世界观等。翻译的重要任务之一，就是传递原文作者的价值取向。大多数情况下，之所以要翻译某个作品，正是因为它是原文作者对人生或社会某个领域、某个方面的经验总结，或能满足我们人类生存和发展的某种需要，或能提供某种借鉴。所以翻译时要尽量充分地再现原文作者的价值取向，而不能用译者的价值取向代替作者的价值取向或政治倾向。文化就是"人类在社会实践过程中所创造的物质财富和精神财富的总和。"即文化就是在相应政治、经济、历史、地理环境下创造的物质财富和精神财富。从这个意义上看，说"文化"概括了翻译涉及的所有内容也不为过。

人们常说，翻译是传递文化的使者或桥梁，正是从这个意义上说的。因为翻译所做的工作，正是将一个一个的主客观事物传递给另外的人或人群。所以这里的文化，既指一个一个的主客观事物，也指多个这样的主客观事物的结合。

第二章　翻译的方法、原则与过程

第一节　翻译的方法

一、翻译方法概述

翻译的难点，往往在于我们翻译完一个句子或段落之后，明明知道有问题，如译文不通、句子不顺畅、用词不雅等，却无从下手，不知道该怎么把它译好或改好。所以说，翻译方法是决定我们翻译质量的关键，这先要从理论上掌握，并经大量实践练习，使这些方法深入我们的观念，成为我们的一种技能，才能翻译出高质量的作品。

从翻译方法上讲，最好莫过于在读懂原文的基础上，一气呵成地译出高质量的作品。但对没有学过翻译理论与技巧，没有经过大量翻译练习的人来说，这几乎是做不到的，我们往往是先翻译，再进行修改。我们只有经过大量这样的练习，才能一气呵成地译出高质量的作品。

也就是说翻译后我们要对译文进行检查和验证，对翻译出来的作品，要逐字、逐句阅读，对照原文检查其正确性，再综观整篇文章，看它是否符合信、达、雅的标准。

(一) 是否改变原文

在原文字面意思上，是否有增加、减少或改变。

(二) 改变的内容是否符合原文隐含意义

如果有增加、减少或改变，那么这种增加、减少或改变应符合原文隐含的、省略的意思或文化，否则就要删除不符合原文的内容。

（三）是否通顺、易懂

1. 是否通顺

如果有逻辑不通或句子不顺的情况，就要检查是否有以下问题。

（1）是否有语病，搭配是否得当。对中文来说则是主语和谓语、谓语和宾语的搭配是否恰当，定语是否在主语或宾语之前，状语是否在谓语之前，补语是否在谓语之后等。

对日语来说，是否是主—宾—谓的结构，连用修饰句（状语句）是否在谓语之前，连体修饰句（定语句）是否在主语、宾语或对象语、补语之前等。

如果有搭配不当的问题，通常的解决方法是找出和这个词最相搭配的词，再放到译文中去阅读、验证，不合适的话就换用其他词或其他表达法。

（2）是否符合译文的表达习惯。设想一下，译文语境下的人在这种环境下会怎样表达。

（3）是否有逻辑问题。即是否符合原文，符合原文语境下的事实及事物之间的必然联系。

出现以上问题的原因一般有对句中的某些词、短语、惯用语或语法没有正确理解，或有多种意义时，只注意到其最常见的意义或字面意义，而忽略了其他意义或用法。这种时候，我们就要逐字逐词地检查，找出哪儿出了问题，再改正。

2. 是否易懂

如果出现译文不易懂的情况，则要检查是否有以下问题：

（1）句子是否太长。如果太长，我们就要分译成几个句子。

（2）是否使用了不常用甚至生涩难懂的词。一般来说，除特定情况外，我们最好用耳熟能详的词，尤其忌讳生造词汇。

（3）是否原封不动地采用了原文词汇或原文字面意义的词汇，而译文语言中又没有的词汇。如果有这种情况，我们就要改译成译文语境下易懂的词汇或增加注释。日汉互译时，除非译文语境下的人很熟悉，或译文中没有这样的词，只能照搬后加以注释外，忌讳将原文的字词套用到译文中。

（四）语言是否优美、是否符合原文主题

翻译既要看译文是否有典雅的语言、优美的语言，还要综观译文，从整体上看译文是否表现了作者的意图，是否符合原文的主题，也就是作者在这篇文章中想表现的主题思想和价值取向，是否通过译文，得以表现出来。没有实现这个目标时，问题往往出现在以下方面：

（1）没有正确地翻译关键词，特别是能体现文章主题的词；

（2）没有正确地翻译关键句子；

（3）关键段落翻译得有问题。

只有解决了这些问题，并符合前面所说的标准，才会是一篇好的译文。

如果想成为一名高级翻译，又有足够的时间，建议不妨在学习之初开始做双向翻译的练习。即先将原文译成译文（一般是将日语译成母语），再将译文译成原文，然后通过原文来验证译文质量。这样的练习对两种语言文字水平的提高都会大有裨益，同时又可验证译文的优劣。

二、翻译方法分述

（一）顺译

所谓顺译，也就是按照原文字面意义或顺序进行翻译。总的来说，顺译是与变译或意译等相对而言的。也就是不对原文的字面意义或顺序做大的改动的翻译。原则上，按照原文字面意思或顺序进行翻译，译文不会出现不通、不顺或不雅时，顺译即可。顺译也是翻译方法中的首选，即为了遵守"信"——忠实于原文的原则，一般而言，首先应采用顺译的方法。

（二）音译

如果说直译是从字面意思来直接翻译的话，那么，音译则是将原文的发音直接译成译文的发音。当然，这种"直接翻译"并非原封不动地将原文音译出来，而是根据译文语境下人们的发音习惯所进行的翻译。通常情况下，日语翻译成中文时，一些来自日语的人名、地名（国名）、公司名称都采用音译的方法；同样，汉语译成日语时，中国的一些人名、地名、公司名称，

也是用音译的方法翻译。就音译而言，如果将日语译成汉语时，一般是用中国人的发音习惯将日语词汇音译的话，那么，将汉语译成日语时，一般有两种方法：一是直接将汉语的音（汉语拼音）用片假名表现为日语；二是直接套用汉字并用音读注音。

（三）倒译

倒译又称为"变序译"，指的是针对语法、修辞和表达习惯等因素对原文的顺序进行调整来翻译的方法。

变序主要分为句内变序和句外变序两种类型。在翻译过程中需要句内变序的情况分为三种，首先是遇到语法和修辞的情况需要变序，其次是由于表达习惯需要变序。而句外变序主要针对的是修辞手法而进行的变序。

在日语语法顺序中，语法的变序主要针对的是定主宾状谓等语法，但在汉语中除了以上语法之外还多了一个补语。因此在翻译过程中译员就会将原文的语法顺序进行变序后翻译成译文。其原因在于日语和汉语的表达顺序是完全不一样的，所以在翻译过程中要按照原文的顺序将其翻译成译文。此外，日语和汉语中对修辞手法的使用和搭配习惯也是不一样的。比如，在日语中，一般会先使用宾语然后再使用谓语，但在汉语中正好截然相反。

（四）分译

所谓分译指的是把原文中某一单词、句子或者是段落翻译成多个单词、句子或段落的方法。

在实际翻译过程中使用到分译的情况分为三种。首先是由于表达习惯的差异需要进行分译，即在表达原文中某一特定单词、句子或段落的过程中，受到译文表达习惯的限制，需要将其分译成多个单词、句子或段落进行表达。其次是原文的句子段落篇幅过长，将其翻译成一个句子的难度太大且难以理解，所以需要将其设定为不同的语境进行分译。最后是在日语中存在较为复杂的连体或连用的修饰句，如果将其翻译成单一的汉语句子的难度是比较大的，最好是将其翻译成多个句子这样便于理解。同理，在汉语中那些复杂的状语和补语，通常会以分译的方式翻译成日语。

分译的方法是先综述、再分述。对复杂的"连体修饰语"，即太长或多个定语从句＋中心词的句子，我们可先将中心词提出来，再用"有的""即（是）"等词语来分述定语句；或者在有多种事物时，先综合提出来，再分述各个具体的状态。而对复杂的"连用修饰语"，即太长的状语句或多个状语句，先将总状态提出来，再用"即以……（状态、态度）来……"等词语来分述其多种状态。但这两种情况下的分译，特别是有多个定语或状语句时，由于有相当多的相近或类似内容，所以要尽量避免重复。

（五）合译

合译是将原文的多个词、多个句子或多个段落译成译文的一个词、一个句子或一个段落的翻译。这主要是由于表达习惯造成的。日语中用几个词、几个句子或几个段落来表达的内容，中文习惯用一个词、一个句子或一个段落来表达时，要合译；同样，中文中习惯用几个词、几个句子或几个段落来表达，而到日语中要用一个词、一个句子或一个段落来表达时，也需要合译。

（六）加译

加译也叫增译，是指因表达习惯、语法、文化背景不同，或原文使用省略手法等，如果按照字面意思翻译，会使译文不畅，为使译文通顺、易懂，而增加语言文字甚至手势等进行的翻译。

原文语境下的人因表达习惯、语法、文化背景不同，或常用省略手法表达信息，到译文中会出现语句不通，译文语境下的人不知其意或不甚明了时，翻译时就要追加语言文字，或加以注释。不管是追加语言文字还是加以注释，都是加译。

加译使用得较多的情形是因原文的文化背景和省略而加译，即译文语境下很熟悉或特有的事物，或用省略手法表达的信息，译文语境下的人对此不熟悉或根本不懂时，一般都要加译。

需要强调的是，加译并不是随意增加语言或文字，而是原文本来就有而未表达出来（隐含）的信息，或原文语境下很熟悉或特有的，而译文语境下不熟悉的事物，只是为了让语句通顺，让译文语境下的人容易明白等原因才加译。加译往往用于翻译原文语境下熟悉或特有的、译文语境下不熟悉或没有的事物。

(七) 减译

减译也叫"简译"，即将原文直译成译文时，如果有显得啰唆或重复的语言文字，要将其减少或删去的翻译方法。需要使用减译的情形有语法原因、文化背景和表达习惯等。

1. 语法原因的减译

日译汉时，日语中的形式体言到中文中需要减译。在汉语中，往往后面在说相同的内容（主语、宾语、定语等成分）时都要再说一次，而到日语中则显累赘，所以要减译。

2. 表达习惯的减译

一般而言，日语的文字或音节要比汉语多，日本人在说到某事物时也比中文要啰唆，这种时候就要减译。但有的时候，汉语也比日语的表达要累赘，日语反而要简洁一些，这种时候一般也要减译。日译汉时，日语中的敬语在某些情形下翻译时要减译。而汉译日时，因表达习惯不同而要减译的情形也很多，如汉语中几乎每句话都有主语"你、我、他"，而到日语中多数情况下都可减译。

3. 因文化背景而减译

一般来说，日语语境下，在说到中国的事物，如将中国历史，中国的成语、俗语、流行语，中国特有的动物、植物及物品表现为日语时，日语一般都要加以说明。而我们将这样的信息译成汉语时就要减译。相反，汉语说到日本特有的事物时一般都要加以说明，将这样的信息译成日语时则要删去这些说明。

4. 对不雅的事情，能减译就不要加译或直译

对一些国家而言，因政治或文化等原因或一些特殊的原因需要减译的，我们也要减译。

5. 减译有裁减和提炼两种方法

裁减法是大家容易想到的，也就是减少或删去语言文字。而对提炼法，我们容易想到意译。应该说，裁减性意译是指减去原文中的一些东西后，再找出译文的应有说法。而我们通常说的意译指的是根据字面译出其实质意义的翻译方法。

(八) 反译

反译是用相对或相反的形式，来翻译原文内容的翻译方法，即将原文用肯定形式表达的内容，译文用否定形式翻译；或将原文用否定形式表达的内容，译文用肯定形式翻译的方法；或用反义词或相反意义（相对意义）的句子来翻译原文的方法。简单说来，也就是"正话反说或反话正说"的翻译。

导致反译的原因主要有语法原因和表达习惯的原因。

语法原因是指原文中的一些句型用的是肯定形式，到译文中，习惯用否定形式表示相应内容；反之，原文中的某些句型是用否定形式表现的，在译文中，习惯用肯定形式来表达。这两种情形下都要反译。将译文中的主动句译成被动句，或将被动句译成主动句的翻译，也可以说是一种反译。

表达习惯则是指原文和译文对一些特定事物的表达，其表现形式是相反的情形下，一般都要反译。

(九) 变译

变译也叫改译，是改变原文形式的翻译。它是因为语法原因、表达习惯或文化背景等缘故，将原文直译到译文中会出现语句不通、不流畅或不易懂等情形，因而改变原文形式的翻译方法。

语法原因是指日语中常用自动词（不带宾语的动词），汉语则习惯用带宾语的动词；日语常将多个动词复合使用，汉语则较少有这样的用法；日语中，在主语不确定、主语为多人、主语为事物（大自然现象、社会现象）时，都用被动句来表达，而汉语则更多用主动句来表达。这些情况下，日汉互译时都要变译，即改为译文的形式。

表达习惯的原因是指对一些事物或现象，一种语言有其固定的表达方式，但这种方式到另外一种语言里就会让人不懂或句子不通甚至有逻辑矛盾，这种时候就要变译。

(十) 意译

在翻译时，一般来说首先照字面意思翻译，以养成忠实于原文的习惯，但细心的人会发现，任何一篇文章，只要稍微长一点或复杂一点，就基本上没有全文照字面意思翻译的例子。这又是为什么呢？也许有人要问，这不就不忠实于原文了吗？但别忘了，翻译还有一条原则，那就是符合译文表达——"达"的原则，更有"雅"的标准。这就是说，原则上，若直译使译文出现不符合语言表达习惯或有逻辑问题时，我们就不能直译，若直译会导致译文不雅，也不能直译。

这样的情形，我们更愿意把它叫作广义的意译。因为在翻译界，意译一词一般是与直译相对而言的。从意义上说，也许把它叫作变译更为恰当。为了遵从习惯，本书还是称之为"广义的意译"——不可或不宜直译情形下的翻译方法。

所谓意译，有的也叫"释义法"或"提炼法"，也就是不拘泥于字面意思或表现形式，而将原文实质内容表现出来的方法。一般是指如果完全按照字面意思或原文的表现形式翻译，就会出现译文不易懂、不通、不雅等情形，这也就是在不宜直译或不能直译的情形下采用的翻译方法。

那么，哪些情形下不能直译呢？大体说来，以下情形不宜直译，或不能直译。

1. 搭配习惯不同时

（1）译文与原文的搭配习惯不同时，要按译文表达习惯来翻译。这种情况下，一般用意译即释义法翻译。

（2）修饰成分的搭配习惯（汉语中定语、状语＜日语中的补语＞与被修饰成分的搭配习惯）不同时。翻译后，仔细阅读译文，明显有不顺、不通或让人不懂时，通过阅读修饰词与被修饰词之间的关系来找到应有的搭配。

2. 有不同表达习惯的情形

同样的内容，日语和汉语表达习惯有很大的不同，这种时候，就要按照译文的表达习惯翻译。

3. 有隐含意义的情形

在有隐含意义的情形下，如果照字面意思翻译，就会漏掉原文的重要内容，所以这种时候一般要加译。

（十一）美化处理

美化处理，即运用以上各种翻译方法，根据原文的表现形式（如艺术类文体等）及意境（如科技文章中抒情性语言，原文属于典籍性文体或用于正式场合）等将一些看似直白的文字，表现成更庄重、典雅，更美的语言或表现形式的一种翻译方法。

需要进行美化处理的情形是由原文表现形式及意境决定的：原文属于艺术类文体时，不宜用日常生活用语来表达，因为那样做不能表现艺术的美；对典籍性文体，如果用通俗的语言翻译，则会影响其权威性或普遍适用性；正式场合下的用语如果译成低俗的语言，则会影响说话人或说话一方的身份或形象，如在联合国大会的发言，如果翻译时用的是低俗的语言，则不但影响发言人的形象，甚至会影响他所代表的国家形象，严重的还可能引起外交纠纷。

作为美化处理的方法也有所不同：

1. 庄重化（典雅化）

原文为典籍性书籍或教材、名人名言，或原文用于正式场合等情形，均需对译文进行庄重化处理。也就是如果译文中不宜使用通俗的文字、表现方式，而应改用庄重典雅的语言及表达形式来翻译。简单地说，"庄重化"就是用能"登大雅之堂"的语言或表现形式来翻译原文的方法。

2. 美化

美化，即原文为艺术类文体（如小说）等情形时，将译文中普通的用词或表现方式表现为更优美、更打动人的语言或表现形式的方法。

3. 艺术化

艺术化是指对一些表现手法或修辞手法，经过艺术化处理，使译文更美的方法。一般是指对一些不能完全按原文字面意思或表现方式、修辞手法翻译成译文时，在满足原文主要思想或感情、文化的基础上，将原文的修辞手法用相近或相似甚至完全不同的译文修辞手法来表现，以便更充分地表现原文的思想、感情或文化。

第二节　翻译的步骤

翻译的步骤，也是翻译中尚须解决的一个问题。因为在翻译时由于翻译步骤不当而导致翻译不下去或整个翻译质量不高的情况屡见不鲜，所以有必要在此略作论述。

一般来说，翻译可遵循两种步骤：先通览全文，然后再一句一句阅读后进行翻译，翻译完整篇文章（整本书）后再校正。这种翻译方法的好处是，通过通览全文，对整篇文章有一个整体的印象，对一些关键词或句子能一次性处理得恰到好处。但遵循这样的步骤也有问题，主要是对初习翻译的人来说，由于有大量的词不认识，所以几乎阅读不下去。这时我们可用第二种步骤进行翻译，即一开始就逐字逐句阅读后翻译，翻译完后再校正。这种步骤的好处是可操作性强，看起来节省时间，它的问题是翻译到关键词或句子以至段落时不知该怎么翻译为好，从而在这些词或句子上花费大量的时间，甚至导致整个翻译质量不好的恶果；运用这样的步骤，在校正时也要花更多的时间。但不管怎么说，这都是初学翻译的人必经的过程，所以初习者一般都是采用这种步骤，或者说，大多数人在翻译时都是采用这个步骤。但要翻译出高质量的译文，我们还是推荐前一种步骤，即先通览全文后再翻译。

一、通览原文

通览原文又叫概览全文，即对不认识的词，不要一个一个地查字典，而要整句阅读或整段阅读，以期实现以下目标：

（一）通览全文的目标

1. 明确原文的文体

即原文是叙事文还是议论文，是诗歌还是小说，是典籍还是一般性读物，是专业著作还是普通作品。实现这一目标的作用是它将决定译文的文体，一般情况下，原文是什么文体，译文就应是什么文体。

2. 确定原文的语体

根据"信、达、雅"的标准，原文的语体决定译文的语体，所以，概览全文时要了解原文是古文还是现代文，是敬体还是简体，用的是专业语言还是日常用语。只有实现了这一目标，翻译时才能决定译文的语体。

3. 确定原文的主题或中心思想

如果是记叙文，也就是要了解原文大概说的什么事，即什么人，因何种原因，在什么时候，什么地点，做了什么事，结果如何。如果是议论文，则要从总体上把握原文的论点、证据、结论。

通览完毕，应基本得出以下结论：

(1) 译文应用什么文体；

(2) 译文应用什么语体；

(3) 存在哪些问题。如在文体上是不是还应加进一些特有的形式，在文字上，对一些关键的词或句子，应作何处理等都要有一个宏观的把握（一时没想好也没关系，让这些问题在脑海中盘旋，随着阅读和翻译的进程，这些问题会逐渐得出答案）。原文如果是理论性读物或专业文献，有哪些内容是陌生的或不甚明了的，需要查询什么资料或咨询哪方面专业人士，要做相应的准备。

知道了阅读目标，对许多人来说，阅读方法还是个大问题，尤其对于日语词汇量较小的人来说，更是一个难题。最大的问题是遇到生词不知道该怎么办，一句话里如果只有一个生词也许还能联想出大概的意思，但如果有两个或两个以上的生词就阅读不下去了。这也是日语学习者在参加考试时的一个大问题——在许多考试中，阅读所占分值的比例都是很高的。何况，这种阅读能力也是我们日语学习者必备的一项技能，对今后大量的阅读，比如，日常生活中报纸及期刊等的阅读，在做研究时查询资料时的阅读，都需要我们每一个日语学习者具备这样的技能。即便对于词汇量大的日语学习者来说，这也是需要培养的一种技能。因此，以下就通览全文的方法即阅读方法，以及阅读题的答题方法略作论述。

(二) 阅读方法

1. 生词的阅读方法

日语的词有四种：汉语式词汇／汉语、日语式词汇／和语、外来语／外来语、混合词／混种语。简单说来，汉语式词汇指的是原封不动地从汉语（古汉语）借用到日语中去的词汇，日语式词汇则是日本人利用汉字这种符号（汉字、汉字的偏旁、冠盖等组成部分）制造的词汇，所以，从音读、训读的规律上来说，一般情况下，汉语式词汇音读居多，日语式词汇训读居多，一个汉字作名词时也是训读居多。外来语除表示强调以及来自汉语中的汉语拼音外，主要来自英语，混合式词汇一般是一个日语式词汇加一个外来语构成。

对于我们中国的学习者来说，日语的词汇比较容易把握：汉字词通过中文的汉字来联想其意义；没有汉字的，通过音读、训读联想汉字；外来语除特定场合表示强调以及该词来自汉语的拼音外，一般这种词都来自英语；而对混合词，则主要从训读联想汉字，从外来语联想日语。

（1）名词的阅读方法。

①通览原文时，对陌生的名词，我们只要知道它是哪一类名词就行了，不必仔细去推敲它是什么意义。

②有汉字的，一个汉字、一个汉字地推敲；没有汉字的，通过音读、训读联想汉字，从外来语联想日语（因为日语中的外来语主要来自英语）。

③根据搭配习惯和逻辑关系，通过动词联想名词的意义。

④日语中的名词，与汉语不同的汉字词，其前后汉字之间多为以下几种关系：修饰与被修饰关系，倒装等。我们可根据前后文及汉语在这种情况下的应有表达来联想其意义。

（2）动词的阅读方法。

对动词，我们要通过音读、训读来联想汉字，对两个或两个以上的动词复合时，要将其联系起来思考。此外，我们也可通过相应的自动词、他动词来联想相应的意义。

我们还可根据搭配关系、逻辑关系和前后文意义，通过日语中作主语、宾语、补语、对象语的名词来联想动词的意义。

（3）形容词的阅读方法。

对形容词，我们也通过训读来联想汉字。

（4）副词、接续词等的阅读方法。

对一些假名表示的副词等，我们也可通过训读来联想汉字。

通过其后面的词来联想它是哪方面的副词就行了。一般来说，副词主要表示程度、数量、性质、时间、频率、状态。修饰形容词或形容动词，表示状态的动词的副词，一般表示程度，对这些词前面的副词，可通过其后的形容词、形容动词来理解可能有哪几种程度即可。拟声拟态词一般表示状态或情感，形容动作性动词的副词一般表示数量、状态、时间、频率等。对接续词和接续助词，则靠前后文的意思来推敲，或用排除法来联想其意义。

2.句型的阅读方法

对不熟悉的句型，哪怕是完全陌生的句型，其中肯定有些助词、助动词、接续助词、形式体言、形式用言等是我们已经学过的，这时，我们可通过逐个分析这些词的意义、语感或语法功能，来对该句型进行把握或了解。通过逐个分析仍然理解不了时，我们则可通过前后文的意义来分析。

3.短句的阅读

对一些常见的短语、短句，我们可通过记住其意义来掌握。

（1）找句子的主干成分——主谓宾语：主语一般为（主题）或（主语）前面的名词，谓语一般为主语后面的动词（判断句、描写句和存在句都较为简单就不在此赘述），宾语为（对象语）前面的名词。

（2）找出主谓宾后再分析。一般情况下，主语前面的是定语，主语后面、宾语前面的一般是状语（日语中的补语），宾语前面的也有可能是宾语的定语，而谓语动词前面的，一般都是状语。

（3）不能明确找到主谓宾的句子，通过终助词、接续词或接续助词等来阅读，有多个接续词时，通过谓语动词来找。

（三）读解技能训练

我们要真正掌握阅读技巧，就需要进行大量的阅读训练。通过做读解习题来训练讲解技能，不失为一种培养阅读能力的好方法。

二、翻译及后续事宜

（一）逐句阅读、逐句翻译

通览完毕，对原文已有一个总体的印象，并已确定译文的文体、语体等，在收集好所需的资料或已向相关人士进行咨询后，就可着手翻译了。

在翻译时，有的人一个词、一个词地翻译，这是不好的开始，这样做的坏处是连自己都对翻译的句子没有信心，而翻译完一句话就去读一遍，也会浪费时间，还会增加校正的时间。所以我们应将一句话读完并理解后，在脑中已经有较好或很好的译文句子后，才开始翻译。我们对一些太长或太复杂的句子，可先在草稿上写出来，通过阅读所翻译的译文，再联想译文语境下该怎么说等方法，来找出较好的译词或正确的语句顺序。

对个别太长或极其复杂的句子，找不到好的翻译方法时，解决的办法是再一次仔细阅读原文，这往往是对原文的某个词或短语没有理解或只想到其常见的意义，而未想到此情此景下的意义，所以才会觉得句子不通或不流畅甚至有逻辑问题。

在翻译中还会遇到一些词或句子，再三阅读后还是翻译不好甚至译不下去的情况。这种时候，不要在该词或句子上花太多的时间与精力，可将它放一放，让它在脑海中盘旋，随着翻译的推进，一般来说都会有好的解决办法的。如果翻译完后都还没找到一个好的解决办法，可通过以下办法处理：一是查词典（原文语种的词典和译文语种的词典），选择适合此情此景下的译词，或找相关语言的专业人士咨询；二是如果是专业方面的问题则可找相关专业人士咨询。

翻译时还有一个不好的习惯是一边翻译一边去校正。如上所述，要一个句子、一个句子地翻译，而不是一个词一个词地翻译，在翻译完一个段落后，再将整个段落校正一遍。这样做的目的，一是刚读完这段话，对此情此景下的语境最熟悉，出现问题能及时纠正，二是保证翻译质量（初校）。

（二）翻译完毕，逐字逐句校正

将整篇文章或整本书翻译完毕后，我们要逐字逐句校正（二校），即读完原文的一句话后，再读该句话的译文，看是否有漏译或错译的地方，是否有译得不太妥当的地方，如果有，就及时改正过来。这是保证翻译质量的重要步骤，所以不能省略。有的人翻译后直接将译文交给用户，这是对别人也是对自己极不负责任的做法，因为我们的译文会对以下几个方面产生影响。

首先，从原文的角度来说，它会对原文作者产生影响。翻译得好，会使原文作者受到欢迎，读者也会因此"爱屋及乌"，喜欢上该作者的作品。

其次，从译文的角度来说，这会对我们翻译者本身产生影响——漂亮的译文会使你一夜成名，糟糕的译文则会让你声名扫地。译文还会对译文接受者（读者、用户等）的文化产生影响。我们说，翻译也是一种文化传播活动，所以原文所表现的先进文化也因此而得到传播。但如果翻译得不好，这种文化就不会得到传播，或得不到好的传播；如果翻译错了，就会使译文语境下的读者也因此而受损。比如，正确的译文会给生产带来巨大的效益或财富，错误的译文则会给生产造成不可估量的损失。所以，我们每一个翻译工作者应该知道，我们的读者和用户是根据我们的译文来处理问题的。如果是因为译文出错而带来的问题，我们翻译工作者是有一定责任的。尤其是对生产和建筑等方面的技术性资料的翻译，我们最好校正两遍（两次二校）。

校正时要解决的问题，除检查是否有漏译、错译的问题外，我们还须检查译文是否符合原文的文体等表现形式，总体上是否符合原文的风格或要表达的主题或思想。凡不符合的，我们都要改正过来。

在修改译文时，还要形成一种观念：凡不符合原文的，不管译文遣词造句多么漂亮，都要删去，同样，凡不符合译文表达习惯的，也要改正。校正时，我们特别要注意根除吝惜字数的观念。对许多人来说，译文就好比自己的孩子，倍加珍惜。须知，尤其对自己的孩子，在他有缺点时，更须改正——只有如此，才能使你的孩子更有前途，凡与你的孩子打交道的人才会因此而获益而不是受损，你也才会因此而自豪而不是蒙羞。

(三) 审阅 (检查与验证)

审阅即通览译文，亦即逐字逐句阅读译文，检查译文整体上是否有不符合原文风格或主题的字、词、句；是否有不符合译文表达的字、词、句；是否有多余或不雅的字、词、句。只要译文有不通、不流畅或不易懂的情况，或有译得不对、不好或不雅的地方，就说明译文有问题，就要去对照原文再校正。所以说审阅也是对译文正确与否的一种验证。

还有一种验证的方法是对整篇文章或整本书来说至关重要的或关键的句子，除将其与原文反复对照外，还可将译文再译成原文，以验证译文是否正确、是否漂亮。

此外，还须校正译文的标点符号、排版及格式等问题。这是容易被忽视的问题，但这也是表现我们翻译质量的一个方面，也可以说，它是我们译文的包装，所以翻译完毕后，要认真地、仔细地设计和检查。

在今天这个时代，由于电脑的普及，我们的翻译工作（打字、排版等）一般都是在电脑上进行的，校对时需要注意：第一，打印之前先要用"打印预览"浏览一遍格式，有不妥的地方，要及时更正；第二，虽说一校可在电脑上进行，但二校、三校等一定要用打印件审校。因为在电脑上校正不大容易发现格式、字体或字号大小以及一些特殊形式如表格、方框、颜色等方面的问题。

如果说一校、二校是解决翻译标准中"信"的问题的话，审阅则是解决"达"和"雅"的问题；也可以说，如果一校、二校是保证翻译质量的基本步骤的话，那么审阅则是提升翻译质量的更高一级步骤，所以也是不可或缺的。

（四）跟踪服务

如果说翻译是一种服务的话，那么我们的译文就是一种产品。在当今社会，不管是服务还是产品，都得有售后服务。

特殊情况下的售后服务是指，因时间紧急等原因对译文出现的问题没来得及解决好就将译文交给用户时，我们要在其后最短的时间内反复校正后将校正后的译文以最快的速度交给对方并及时跟踪服务。

一般情况下，翻译的售后服务是指第一，将译文交给用户时留下自己的联系方式（电话、住址、电子信箱、MSN、QQ号等）；第二，定期或不定期回访（回访的时间宜与用户商定），回访的方式可以是到用户所在的地方，咨询对方在使用译文的过程中是否遇到问题，也许电话回访是最好的方式；第三，如果译文属于出版的书籍或登载到报纸杂志的文章，可发调查问卷或到网上查看网民的反映；第四，及时更新，它包括两个内容，一是如果事后发现有更好的翻译方法时，要及时告诉对方，二是所译的文章有新增的信息出来时，要将新的信息及时告知用户（是否翻译则要视版权而定）。

第三节　翻译的基本原则

一、翻译文本的基本原则

翻译的基本原则，是翻译实践的准绳和衡量译文优劣的尺度。国内外对翻译标准的讨论一直都没有停止过，正是在这场针对翻译标准的讨论中，翻译理论的研究得到了不断发展和完善[①]。我们借用前人的研究成果来指导翻译的实践，即在翻译实践过程中，应遵守以下两个翻译的基本原则，即忠实（faithfulness）和通顺（smoothness）。

忠实指译文要准确地表达出原文的思想、内容和文体风格，要再现出原文的特色。翻译不是译者的独立创作，而是把原作品用另一种语言表达出来，译者不得对原文进行任何篡改、歪曲、遗漏或任意增删，如果译文与原作不符，那就不能称为"翻译"。对译者来说，要实现译文忠实于原文，首先要对原文有正确的理解，并且吃透原文的词义、语法关系和逻辑关系。

所谓通顺，指译文语言通顺易懂、自然流畅，符合译文语言的表达习惯，没有文理不通、晦涩难懂等现象。

综上所述，翻译离不开"忠实、通顺"这两条目前翻译界公认的原则。实际上，忠实和通顺相辅相成。忠实而不通顺，读者就会看不懂译文，失去了翻译的意义，通顺而不忠实，则脱离了原文的内容和风格，不如不译。

二、翻译工作者的基本原则

翻译教学涉及两种相互联系又各有目的的教学模式，即教学翻译和翻译教学。根据我国目前的实际情况和社会需要，在我国的外语教学中，无论是非外语专业还是外语专业，都不能脱离这两种模式，它们是相辅相成的。

我国各级外语教学中对翻译的基本教学要求正是从翻译的基本原则出发而制定的。从我国外语专业和非外语专业教学大纲来看，在各级外语等级考试中，我们可以看出翻译的"忠实和通顺"原则始终贯穿于外语教学中。

我国高等院校外语专业对翻译的教学要求是分级的：

（1）入学要求。学生能将内容不超过高三课文难度的短语和句子翻译成汉语，要求理解正确、语言通顺。

（2）二级。学生能独立完成课程中的各种翻译练习，要求理解准确、语言通顺。

（3）四级。学生能独立完成课程中的各种翻译练习，要求译文忠实于原文，表达流畅。

[①] 杨眉. 中国对翻译标准的主要讨论及影响 [J]. 广西民族大学学报（哲学社会科学版），2007(S1)：166-168.

（4）六级。学生初步了解翻译基础理论和外语、汉语两种语言的异同，并掌握常用的翻译技巧，能将中等难度的外语篇章或段落译成汉语，译文要忠实于原文，语言通顺，速度为每小时 250～300 个外文单词；能将中等难度的汉语篇章或段落译成外语，速度和译文要求与外译汉相同；能担任外宾日常生活的口译。

（5）八级。学生能运用翻译的理论和技巧，将外国报刊上的文章以及文学原著译成汉语，或将我国报刊上的文章和一般文学作品译成外语，速度为每小时 250～300 个外文单词。译文要求忠实于原文，语言流畅。学生能担任一般外事活动的口译。

高等院校外语专业四级、八级考试对翻译的测试要求如下所列：

（1）汉译外项目要求应试者运用汉译外的理论和技巧，翻译我国报纸杂志上的论述文和国情介绍，以及一般文学作品的节录，速度为每小时 250～300 字。译文必须忠实于原文，语言通顺。

（2）外译汉项目要求应试者运用外译汉的理论和技巧，翻译外文报纸杂志上有关政治、经济、历史、文化等方面的论述以及文学原著的节录，速度为每小时 250～300 字。译文要求忠实于原文，语言流畅。

我国高等院校非外语专业大学外语教学对翻译的教学要求也是分级的。由于大学外语教学分为基础阶段（一至二年级）和应用提高阶段（三至四年级），全国高等院校非外语专业外语教学大纲对翻译的教学要求也分为基础阶段和应用提高两个阶段。

（1）基础阶段对翻译的基本要求（达到四级）：学生能借助词典将难度略低于课文的外语短文译成汉语，理解正确，译文达意，译速为每小时 300 个外语单词；能借助词典将内容熟悉的汉语文字材料译成外语，译文达意，无重大语言错误，译速为每小时 250 个外语单词。

（2）基础阶段对翻译的较高要求（达到六级）：学生能借助词典将难度略低于课文的外语短文译成汉语，理解正确，译文达意，译速为每小时 350 个外语单词；能借助词典将内容熟悉的汉语文字材料译成外语，译文达意，无重大语言错误，译速为每小时 300 个外语单词。

（3）应用提高阶段的专业外语对翻译的教学要求：学生能借助词典将有关专业的外语文章译成汉语，理解正确，译文达意，译速为每小时 350 个外语单词；能借助词典将内容熟悉的有关专业的汉语文字材料译成外语，译文达意，无重大语言错误，译速为每小时 300～350 个外语单词，

（4）应用提高阶段的高级外语对翻译的教学要求：学生能借助词典将有一定难度的外语文章译成汉语，理解正确，译文达意，语言通顺，译速为每小时 400 个外语单词；能借助词典将题材熟悉的汉语文章译成外语，内容完整，译文达意，语言通顺，译速为每小时 350 个外语单词。

外语自学考试大纲对翻译的基本要求是能将阅读的材料译成汉语，译文基本正确，文字通顺，笔译速度达到每小时 300 个外语单词，能把结构不太复杂、由常用词构成的汉语句子译成外语，译文基本正确。

可见，忠实和通顺是翻译实践中必须遵守的原则。要达到上述原则，我们必须不断提高外语和汉语的水平，掌握丰富的知识，熟悉中外不同国家的社会风俗，了解其政治、经济、历史、文化等各方面情况，并且还要掌握一定的翻译方法和技巧。

三、翻译工作者的基本要求

第一，翻译人员应具备良好的知识水平。具备包括扎实的汉语和外语功底在内的基础知识和专业知识，这也是翻译工作对译者的基本要求，通晓和掌握汉语与外语的基础知识是从事外汉互译的起码条件。专门知识对译者来说也是很重要的，译者必须懂新闻才能译好新闻文章，懂文学才能翻译出优秀的文学作品来。

第二，一方面，译者还需具备包括自然科学和社会科学在内的百科知识体系，这类知识体系并无固定的专业范围；另一方面，译者还需了解有关国家历史、地理、政治、经济、军事、外交、科技、风俗习惯、宗教信仰、民族心理、文化传统等各个方面的基本情况。

第三，译者应力戒在两种语言转换过程中的狭隘对等意识。在翻译过程中，两种语言的确存在对等现象。但由于各民族在自然环境、历史传统、风俗习惯、民族心理和文化传统等方面存在着的巨大差异，必然会体现在语言上，即两个民族必然会采用不同的词语或表达方式来描述同一事物或现象。如果一味地追求对等，必然导致译文让读者困惑难懂，无法理解。

在翻译实践中，切忌望文生义，译者应在准确理解原文的基础上，采

用适当的翻译技巧和手段，做到忠实、通顺，用贴切的词语或句子来表达原文的意思。

第四，译者应具有爱国主义意识。根据我国国情，译者选择好的作品进行译介，运用正确的立场、观点和方法来分析研究和深入理解原作的内容。另外，译者还应本着让世界各国人民了解中国的原则，积极对外宣传我们党的路线、方针、政策，宣传我国的社会主义建设成就，宣传社会主义道德、风尚和文化，积极推动对外交流，促进中国人民同世界各国人民之间的友谊。

第四节 翻译的标准——信、达、雅

一、"信"

"信"即忠实于原文。译文的情感和价值取向、意义内容和风格必须符合原文。它既是相对于原文必须遵守的最基本的原则，又是就翻译这种再创作的素材而言的原则。我们经常见到为了使句子通顺等原因而随意增加、减少或改变原文内容或风格的情况。这就没有遵守"信"的原则，也就不是正确或严谨的翻译。

那么，应在哪些方面忠实于原文呢？又如何才能做到更好地忠实于原文呢？

(一) 忠实于原文的意义

忠实于原文的意义，指的是忠实于原文的字面意义、隐含意义、历史意义、社会意义、文化意义等。

1. 字面意义

翻译时首先按原文的字面意思进行翻译，也就是不随意增加或减少信息。一般情况下，我们在翻译时首先按原文的字面意思翻译，不随意增加、减少或改变原文的信息进行翻译，尤其是对简单的句子，基本上按照字面翻译就行了。在最初进行翻译练习时，首先要养成忠实于原文字面意义的习惯，由此养成"信"的习惯。

2. 隐含意义

一种语言体现一种文化，而中日两国从文化来源上说具有同源性——古代日本文化主要源自中国文化。中国文化从来源上说，源自儒、道、法、墨、释，即儒家的"三纲五常"、"中庸和谐"、"教化至善"、"教化至礼"、君主"仁以治人"、百姓"学而优则仕"；道家的"道可道，非常道，名可名，非常名"，强调百姓和国家都"至善无为"；法家的"法治"，即以法治国，反对礼制；墨家的"非攻""尚贤""节用""兼爱"，其既有国家层面的，也有百姓层面的思想；释家的"真如本性"，即"物我两忘，心物一体"精神，更多的是百姓（做人）层面的观念。语言的意义，正是这种文化的体现，表面意义或字面意义直观通俗地体现使用该语言的民族文化，隐含意义则间接地体现这种文化。导致这种"间接"方式的原因，既有该民族的内部成因，如文化来源、审美意识、政治倾向或价值取向等，也有外部成因，如国内国际环境、民族内部和外部环境的压力或需要等。

（二）增加、减少或改变的内容符合原文

但在许多情况下，尤其是翻译长句子或结构复杂的句子时，往往会对原文进行或多或少的增加、减少或改变。如果我们只按字面意思翻译，会让读者或听众感觉译文不流畅、有问题、不容易懂等情况（以下本书称"译文不畅"）。造成这一情况的主要原因有以下几点：

（1）不符合译文的语法，即有语病；

（2）有逻辑问题，也就是译文前后矛盾或不符合常理；

（3）不符合译文的表达习惯或文化习俗，常见的表现形式是对读者或听众来说是陌生或不熟悉，甚至根本不懂的信息。

为什么译文会出现这样的情况呢？其主要是以下原因造成的：

（1）翻译时选择的单词的意义，一般都是从教材中学到的或词典中查到的主要或常见的意义，但许多单词都有一词多义现象，即在不同的语境下有不同的意义，翻译时往往只注意到它的主要意思或常见意思，而忽略了其他意思；

（2）对一个句型或一些语法问题（如日语中的助词、助动词、形式体言、活用形等）的理解，往往是它常见的意义、用法，容易忽略它不常见的用法；

（3）特定语句的排列或组合有特定的意义，不同语句的排列或组合会产生不同的意义；

（4）对原文特定的表达习惯或原文语境下的特定事物没有理解，以致译出来的译文让人不懂，或直接按字面意思翻译出来让人不懂；

（5）对原文的文化没有理解。

所以，翻译后，阅读译文，只要译文有不流畅的情况，就必须在原文的基础上增加、减少或改变相应信息，以求译文正确、流畅、易懂。但这种增加、减少或改变应满足以下条件。

1. 符合原文的语境

语境即表达信息时所处的语言环境或背景。翻译时的符合语境指的是满足原文的人物、时间、地点及相应状态等。

（1）信息发出方（说话人或文章作者）或信息涉及的主体当时所处的情况：

①所处的历史、地理及政治、经济、文化情况；

②自身情况，如人物的身体及心理状况、物体的状态、国家或团体的内部状况；

③人或团体的社会境遇、国家的国际境遇。

（2）前后文呼应情况：

①人物的呼应；

②时间的呼应；

③地点的呼应；

④感情的呼应；

⑤事件的呼应等。

（3）对话双方的呼应：

①询问与回答；

②响应或应答。

2. 符合原文字面隐含的信息

原文字面隐含的信息，即从表面看，原文字面虽然没有这样的意思，但从逻辑关系、固定搭配、从前后文或当时的语境来看，应有这样的意思。翻译就必须译出该隐含的意思。

3. 符合原文的表达习惯

原文的表达习惯主要指:

(1) 语法习惯。原则上,翻译时首先服从原文所用语言的语法习惯,只有按照原文语法翻译出来的译文不畅时,才服从译文的表达习惯。具体来说,原文表达的感情和意义等必须翻译出来,只有按原文语法翻译不通或不顺时才按译文语法翻译。如日语中表示义务、命令、禁止、顺接、逆接、过去式、现在式 (将来式) 等,翻译成中文时基本上完全按照原文表达的意义用译文语法表现出来;对一些原文中特定意义的表达,也要尽量符合原文的语法习惯。将日语中的敬语、简语及敬语中的尊他语、庄重语、自谦语译成汉语时,也要尽可能译成相应的尊他语、庄重语、自谦语。同样,将中文译成日语时也要遵循这一原则。

(2) 用词习惯。一般来说,用词习惯主要遵从译文的表达习惯。但对某些用语,如果完全按照译文表达习惯会让人产生误解时,就要遵从原文表达习惯。一般情况下,通用性词汇,按照译文表达习惯翻译;特殊词汇,按照原文表达习惯翻译。如地名、公司名称、人名或一些特定事物的名称,原文中出现了而译文中又没有的词汇,应按照原文字面翻译,如日语译成中文的"三洋电机""三井银行""榻榻米""俱乐部""混凝土""法律阻却"等。中文译成日语时这样的词汇更多,不胜枚举。

(3) 用语习惯。每一种文化下的人群,都会有自身特有的一些用语习惯,语言也不例外。一样的环境下,不同的人群会用不同的表达来传情、传意,所以我们在翻译时就要遵照信息发出方的表达习惯来翻译,只有这样才能让信息接收方了解对方的文化或心理。

4. 符合原文的风格

原文的风格即原文的格调特色。一般指原文的语体、修辞手法、文体等符合原文的风格,总体来说,原文是什么风格译文就用什么风格。译文中没有相应的风格或用原文的风格表达出来会让译文语境下的人不懂时,就要变通。比如,日语中的自谦语句型,译成汉语时往往译成"让我……""我……"或"我为你 (您) ……"。

(1) 语体。

语体即指原文的语言体例和特点,即用的是敬语还是简语,是庄重的口吻还是随便的语气，是现代文还是古文，是书面语还是口语，是第一人称还是第三人称等。此外，语体还应包括原文用的是通用语还是方言，用的是文雅的语言还是通俗的语言，是专业词汇还是生活用语，是用声音还是文字，是文字还是图表、图像、绘画或其他符号等。符合原文的语体也就是在翻译时，原文是什么语体，译文也基本用什么语体。但也有例外，如原文是古文时，如果也用古文翻译，往往会有较大的难度，且翻译出来读者也未必读得懂，或阅读起来比较麻烦，所以原则上，除一些特定情形（如古文谚语等）外，一般原文是古文时，均译成现代文体。

（2）修辞手法或表现方法。

修辞手法即运用各种语言材料及表现方式，使语言表达得准确、鲜明而生动有力的各种方法。汉语中的修辞手法主要有比喻、比拟、借代、夸张、对偶、排比、设问和反问、回文等，表现手法有赋、比、兴、烘托、象征、用典、白描、蒙太奇、托物言志、借景抒情、心理刻画、寓庄于谐、联想和想象等。日语中主要有比喻法、渐增法、省略法、倒置法、强调法、反复法、对句法、设疑法、接近法、回文等。

（3）文体。

文体即原文的行文体例及特点，亦即原文用的是议论文体还是叙事文体，或是夹叙夹议文体；是诗歌还是小说，或是散文。符合原文的文体即原文是什么文体就用什么文体翻译。

5. 符合原文的文化

文化就是人类在社会实践过程中所创造的物质财富和精神财富的总和。文化是一个极为广博的概念，所以一说到文化，难免让人有复杂而不知所云之感。用一句简单的话来说，在翻译中："一事一物皆文化，一颦一笑乃国风。"即所有的人、行为、事、物皆可为文化。概而言之，在翻译中，文化就是体现原文语境特点的人、人的行为及事物。所以符合原文文化也可简单理解为就是符合原文语境下的特点，也就是特定政治、经济、历史、地理和文化下人们的所思所想以及将其所思所想付诸实施（人的行为：将所思所想与客观事物相结合）后留下的结果（即人的行为与客观事物结合后产生的精神财富和物质财富的总和）。

（1）心理和行为。

心理也就是人们接触客观事物时的所感、所思、所想。某种特定环境下人们的心理与另一种环境下人们的所感、所思、所想是不同的。这种不同又有以下几点：一是对人的心理；二是对客观事物的心理；三是在采取行为时的心理和对别人的行为所持的心理。如上所述，行为是人们将心理付诸实施时表现出来的状态。行为体现的文化主要表现在采取行为时的心理，以何种行为付诸实施，别人会怎么想，对别人的行为采取什么样的态度等。

从日语翻译成中文时，我们就要按照原文中日本人的言行举止译出日本人的国民性，同样，将中文译成日语时，也要按照原文中中国人的言行举止译出中国人的国民性。

（2）客观事物。

客观事物是某特定人群所处的客观环境，主要指地理条件等。如日本国土面积大约为37.8万平方公里，人口1.26亿左右，资源贫乏，一年四季分明，自然灾害频繁等。

（3）物质财富和精神财富。

物质财富和精神财富也就是人们将所思和所想付诸实施后产生的所有有价值的精神和物质的总和。它和第（1）（2）条中所列的主观的和客观的文化或文化现象并不是割裂开来的，但它涵盖了以上两条没有的内容。或者说，以上两条表现的是事物的状态或行为的过程的话，物质财富和精神财富则是该环境下人们将主观付诸客观后产生的总的结果。

文化一词，除概括所有政治、经济、历史、地理等特点外，有时还特指特定的文化表现形式。在翻译时，一般直译后加以说明，也可用译文的一些文化现象来比照说明，大体包括文化现象如艺术形式、体育活动以及文化背景等。

①艺术形式（修辞及表现手法）。

也就是一种文化下特有的艺术表现形式及其修辞手法和表现方法。这样的文化形式，除对对方文化有深刻的了解外，一般来说，各种文化间较难彼此共享，翻译时一般只能按照字面意思翻译出来后加以说明，然后，就是让接收信息的人去品味了。

②体育形式。

各种文化下的人们有不同的、自身特有的体育活动。

③文化背景。

所谓文化背景是指一个人或某些特定人群所处文化的历史情况和现实情况。在翻译中的主要问题是，一个文化背景下的人对某些特定（自身文化中特有的）事物耳熟能详，在该文化环境下只要一说出来谁都明白，但到译文中，接收信息的人就可能不懂。此时，我们一般是在翻译时先照字面意思翻译出来后再加以解释或说明。应该说，这样的信息涵盖了政治、经济、历史、地理及文化的方方面面，翻译时须予以注意。

忠实于原文，也就是忠实于原文的字面意义、隐含意义、历史意义、社会意义、文化意义，而译文有问题则指有语病，有逻辑问题，不符合译文的表达习惯或文化，不符合原文信息发出方（说话人或文章作者）或信息涉及的主体当时的境遇，前后文不呼应，未忠实于原文对话双方的呼应，没译出省略的意义或隐含的意义，未译出前后语境应有的意义，不符合原文或译文的语法习惯、用词习惯、用语习惯和文化习惯，不符合原文的文体、风格、语体、修辞手法或表现方法，不符合原文文化的心理和行为等。

在从事翻译活动时，忠实于原文也就是要从以上各方面来忠实于原文，而在评价一篇文章的优劣或是否正确时，则可考察其是否遵循了"信"——这一忠实于原文的原则，或指出该文章有多少处在哪方面违背了"信"这一原则，从而使翻译活动及对译文的评价活动实现可操作化甚至量化。

二、"达"

"达"即通顺、易懂。它是就译文的表现形式针对接受对象而言的，也是译文必须遵循的原则。在"信"的前提下，也就是在忠实于原文的感情、字面意义、语境和文化等信息的基础上翻译出来的语言文字，要使接收信息的对象能够顺利而完整地理解这些信息。

"顺利"是指译文能够让接收信息方容易理解。除要求译文正确、通顺外，还有以下几个意义：一是除特定情况外，不要随便使用生涩或不太常用的字词，更不能随便生造词语；二是不要用太长的句子来翻译，即使原文中是很长的句子，也要尽可能将它缩短或翻译成多个短句；三是对原文中特有的、译文语境下没有的事物，要进行解释或说明；四是对原文中特定的、译文中没有或即使有但不常用，或接受对象得花一番功夫才能弄懂的表达习惯，要尽可能用符合译文表达习惯的语句来翻译。

"完整"是指译文所用语言让接受对象获得的信息是原文的信息，既不会比原文多，也不会比原文少，更不会理解成其他（不是原文信息的）信息。

"达"既然是就译文的正确与错误、好与坏而言的，就应该解决译文标准问题，即何谓正确的译文，何谓优秀的译文。因为对一个原文的句子，如上所述，让10个人来翻译，可能有10种不同的翻译法。这就是人们常说的，翻译不能一概而论，应是仁者见仁，智者见智的行为。但这又是一个非解决不可的问题，比如，翻译大赛就必须以某种标准评判哪篇译文最好。在生活中，我们在听别人翻译时，也总有好坏之分。那么，哪一个最正确呢？或者说哪一种最好呢？这种"好"与"坏"是以什么为标准呢？

对于不懂日语的人来说，他们区别好与坏的标准一般是看译文是否符合译文的语法和表达习惯，是否符合译文环境下的文化，是否符合逻辑。而对于翻译大赛的评委们（往往是专家）来说，仅仅这些还不够，还得审阅译文对原文的忠实程度，译文是否符合原文的语境、表达习惯、文化以及风格。也就是说，最符合原文语境、文化及风格的译文，才是最好的译文。

(一) 符合译文语法、修辞及表现手法

一般来说，翻译时，译文的意义要忠实于原文，但表述的习惯则要符合译文。不然，信息接收方就难以理解了。

人们常说的译文流畅，除指语音或文字上的连贯外，还指符合译文的语法和修辞。比如，日文主干句子成分的顺序是主语—宾语—谓语，而汉语的主干句子成分的顺序却是主语—谓语—宾语（补语）。所以译成汉语时就得做相应的变通。

总的说来，日语复杂的句子主要是多个（重）连体修饰句即定语句和多个（重）连用修饰句即状语句的情形。一般情况下，定语句都在主语、宾语、对象语或补语前，而状语句一般在谓语前，即定语句＋定语句＋定语句＋主语（宾语、对象语、补语），或状语句＋状语句＋状语句＋谓语的情形。汉语复杂的句子则是多个（重）定语句＋主语（宾语），多个（重）状语句＋谓语，以及句尾有多个（重）补语句的情形。

（二）符合逻辑

逻辑即客观的规律性。符合逻辑即指符合事实或符合事物之间的必然联系。翻译里用得较多的逻辑方法有判断和推理，即对事物的属性有所断定，或通过已知的判断推出未知的新判断。判断是指验证我们的译文时，判断译文的内容是否符合原文或原文环境下的事实。推理则常用于原文中一些很复杂的长句或前后句之间有较复杂的逻辑关系的情形。

（三）符合译文的表达习惯

每一种语言文字，都有一些特定的表达习惯，也就是约定俗成的、已经形成习惯的表达方式。这也就是在此情此景下，一般只用固定的一种或几种表达形式，而不能用其他的表达形式或根据原文的字面翻译。表达习惯主要有语法习惯、用词习惯和用语习惯及行为习惯等。

1. 语法习惯

如上所述，翻译时，除遵守译文的语法规则外，还得遵守译文的语法习惯。一般来说，语法是一种语言普遍适用的法则，习惯则是一些特定情况下适用的、有的表面上看不一定遵守语法的表达形式。中日文不同的语法习惯大致有以下几点：

（1）日语中，主语不确定、主语为多人或社会现象和自然现象时，一般用被动态，汉语一般用主动态；

（2）日语中在说到别人、别人的家庭成员及其事物时，一般都用敬语，汉语则只在特定情况下使用；

（3）日语中表示自己的行为时，一般用自谦语动词或自谦语句型；

（4）现代日语中有较多的尊他动词，汉语中古汉语有较多的尊他名词，现代汉语中动词除个别词如"大驾光临"等外，并不多见；

（5）日语中有很多助词、助动词、形式体言，汉语中则没有或很少，所以在翻译时就得做适当的增减，一般而言，汉译日时要增加这些词（加译），日译汉时不要译出这些词（减译）；

（6）日语中终助词较多，汉语相对较少，所以翻译时也要做适当的增减。

2. 用词习惯

用词习惯原则上遵守译文的表达习惯，只有个别情况才遵守原文习惯。中日文不同的用词习惯有以下几点：

（1）日语中一般不说你、我、他，听话人一听就明白，而汉语不说则往往会不清楚；

（2）日语中在形容某事物的状态时，直接用表示状态的形容词、形容动词就行了，而汉语中则往往要加一个副词；

（3）日语表示社会现象和大自然现象时喜欢用自动词，汉语则喜欢用他动词（带宾语的动词）；

（4）日语喜欢将多个动词复合使用，汉语没有这样的习惯；

（5）日语中不太在意词的音节数，而汉语喜欢用双声词或多声词；

（6）汉语中表达做什么事时往往加一些表示程度或数量的词，日语中没有这个习惯。

3. 用语习惯

所谓用语习惯，是指在一些特定场合，一种语言的某种或几种固定的表达形式（一般不用另外的表达形式或不能按照语法规则进行字面翻译）。

所以，符合用语习惯也就是符合译文的语境，即在按照原文字面意思翻译出来让人不懂、不易懂或缺乏美感时，就要考虑译文在此语境下应该怎么表达。

(四) 符合译文文化

除语法习惯、用词习惯、用语习惯外，译文还得服从译文的文化。符合译文文化主要指原文语境下的一些特有的文化现象，译文语境下没有，如果照文字字面翻译或完全照信息发出方所做行为进行翻译，会让听的人或读的人不懂或译文不雅时，就要按照译文所在文化的表现形式来翻译，或加以说明。翻译的形式也有声音语言、行为语言、文字语言等。

日语中如和歌、俳句，汉语中如唐诗、宋词、元曲等，以及两种语言中各自特有的表现手法，如日语中的"八重穆、接近法、渐增法"，汉语中的赋、比、兴以及宝塔诗、数字诗等，都是不能完整地翻译（即从内容和形式上都遵照原文来翻译）到译文中去的，遇到这种情况，我们就要找主要的可翻译的项目。如日语的和歌、俳句、八重穆等所要表现的就是古代日语句子音韵上的美感及深厚的意境，而汉语的唐诗、宋词等也可实现这样的目标。对这样的翻译，有时可以不必太拘泥于形式或个别字词，只要能表现音韵上的美感和深厚的意境，且主要内容遵照原文就行了。同样，汉语的唐诗、宋词、元曲，则可翻译成日语的和歌或俳句，翻译时也不必太拘泥于个别字词。对日语中的"接近法"，虽然汉语中没有这样的表现手法但有相近的表现形式，而"渐增法"则可翻译成汉语的排比等。

三、"雅"

"雅"指语言文字的典雅、优美。它有两层含义：一是典雅，即文章或言辞有典据，高雅而不浅俗，指规范、正式（能够用于正式而庄重的场合）的用语；二是优美，辞典对其解释是"婉约而柔和的美"，在翻译时指能触动人的语言文字或表现手法。所以"雅"指语言文字典雅、优美，讲究修辞等。

"雅"是评价译文优劣的标准，是在"信"和"达"的基础上对译文提出的更高的要求，所以也可以说是翻译（译文）追求的目标。和翻译时必须遵循的两大原则"信""达"不一样，"雅"不是必须遵守的原则，尤其是在生活用语翻译中，只要实现了"信""达"就行了，不一定要"雅"。所以这三者的关系，用一句话来说的话，就是在忠实原文的基础上，译文让接受对象完整理解原文信息，并有美的享受。

原则上，正式场合或庄重场合用典雅的语言翻译，文学作品用优美的语言翻译。但这并不是一成不变的，比如，我们常见一些人在生活中用典雅的语言，在外事活动中也经常听到优美的语言等。

"信、达、雅"在翻译中表现出来的关系是再创作的素材—原文—经再创作—译文。

（一）语言典雅、优美

语言优美是指原文是用优美的语言写作的，在翻译时就要展现其优美。这里有两个问题：一是能不能读出原文的优美；二是翻译时选择哪一种表达方式更为优美。

1. 读出原文的优美

对于第一个问题，也就是能不能读出原文的优美性问题，由于它往往是我们的第二语言甚至第三语言，而我们学习母语以外的语言时，一般又主要是从教材或词典上了解这些词汇的意义，往往不太清楚哪些是雅语，哪些是俗语，所以难以区分优雅与否。这就要求我们在平常的学习中多注意原文的雅与俗，多读文学作品，大量阅读名著等也不失为好的了解语言优美性的渠道。除此之外，我们还可以从以下几个方面着手。

(1) 原文是否是写景的文学语言。

如果是，除特定情况如人物介绍外，一般都采用优美的语言，包括：①写人；②写物；③写事。

(2) 是否为抒情的场面。

即是否是抒发作者感叹、喜悦、自豪、自得、赞美、夸奖等积极心理的场面，或遗憾、愤懑、不满、忧郁、惆怅、寂寞、悲哀、痛苦等消极心理的场面。这样的场面下，一般都用较为优美的语言。

(3) 整篇文章用的是生活用语、书面语还是文章语。

即用的是雅语还是俗语，例如，日语中大量使用汉语式词汇；汉语中大量使用书面语或文学语言等。

(4) 是否为正式场合用语。

所谓正式场合即指演讲、重大谈判、名人发言、领导人发言等。

(5) 是否使用了修辞手法或表现手法。

修辞手法即汉语中的比喻、比拟、借代、夸张、对偶、排比、设问和反问、回文等。表现手法如赋 (韵文和散文的综合体)、比 (比拟、对比等)、兴 (起兴，即由外环境触发诗兴文思)、烘托、象征、用典、白描、蒙太奇、托物言志、借景抒情、心理刻画、寓庄于谐、联想和想象等。

2. 选择译文的美化语

对于第二个问题，也就是如何选择译文的雅语或美化语的问题，可从以下几方面着手。

(1) 平常大量积累译文和原文的优美的语言素材及表现手法，包括词、词组、短句及惯用语、习惯表达及表现手法、修辞手法等。大量阅读，将一些好的表达背诵下来，就不失为一种好方法。

（2）在开始进行翻译训练时试着将一个原文的词用几个译文的词翻译，将原文的一个句子翻译成几个译文句子，然后从中比较，选择最好的句子，即选择自己认为最好的词或句子，或最能打动自己的词或句子。但要注意，该"最好"的词或句子如果不符合原文的意义或译文的表达习惯，则应排除。

（3）慢慢过渡到一看到原文的单词，就能在脑子里想出译文的几个词并选出最好的一个词；看到原文的一个句子，就能在脑子里想到几个译文的句子，并从中选出最好的一个句子。

（4）"雅"的译法是指符合原文意义、语境及文化的条件下，满足以下条件的译文：

第一，可在任何正式、庄重场合下使用的语言，也就是不会使人产生低俗、肤浅之感的语言；

第二，能打动人的语言、文字；

第三，能打动人的表现手法或表达方法。①发挥丰富的形象思维能力，思考出一些惊人、奇异的译法，甚至做到"语不惊人死不休"；②引经据典，即引用典籍、名人或成语典故中的语言，将这些材料进行译文语境化处理（做一些增加、减少或改动），也能起到将语言美化的效果；③设身处地地想一下，如果你在这种环境下，会怎样来描写，也可设想一下，译文语境下的人在这种环境下会怎样表达，如果想出的这种表达很美，就采用这种表达方式。

（二）讲究修辞和表现手法

讲究修辞也是指原文采用了好的修辞手法，在翻译时就要表现出其修辞手法和表现手法。

四、"信、达、雅"的关系

"信"就是忠实于原文，"达"是译文通顺、易懂，"雅"是语言优美、修辞精妙。"信"和"达"都是必须遵循的原则，"雅"是评价译文优美与否的标准。那么，在实际翻译时，如何把握这三者的关系呢？

（1）总原则是"信"和"达"。在整个翻译活动中，"信"和"达"是自始至终都必须遵循的原则。"信"也就是所有译文信息都要忠实于原文，译文中表现的无论是情感、意义，还是思想、文化，从来源上讲，都必须是原文中有的内容。这种"有"既可能是字面意义，也可能是隐含意义，还可能是语境意义或文化意义。但不管是哪种意义，都必须出自原文，否则就不是翻译，而是构想、写作或创作等，就不属于翻译的范畴。

"达"是指译文要使译文语境下的人听得懂，读得通顺、明白，或看了后能充分理解。这就是说，译文使用的词汇须是符合译文语境的词汇，语法是译文的语法，符号、颜色、行为语言、文化现象等的表现形式也要符合译文语境下的相应形式。实现不了以上这些目标，就不是正确的翻译，更谈不上好的翻译。

（2）"雅"是翻译追求的目标，或评价译文优劣与否的标准，它不是必须遵循的原则。从评价一篇译文的角度来说，只要满足了"信"和"达"的原则，就是一篇正确的译文，但它还不一定是优秀的译文，优秀的译文还必须满足翻译的标准——"雅"。具体地说，只要译文的所有信息都来自原文，译文也通顺、易懂，它就是正确的译文，但只有用词优美、修辞精妙的译文，才是优秀的译文。

在翻译实务中，只要是稍长一点的原文，大多数情况下，翻译时几乎都不可能100%地忠实于原文。甚至一些简短的手势或行为语言，要想让译文语境下的人听得懂，在翻译时也得做一些必要的解释说明，更不用说一些特定艺术形式的翻译，如将中文的唐诗、宋词、元曲译成日文，或将日文的和歌、俳句译成中文，要做到完全忠实于原文都是不可能的。这种时候，我们就要变通后翻译。

那么，什么情况下可以变通，变通时是否有必须遵循的原则呢？

原则上，翻译时必须先遵循"信"的原则，如果遵循了"信"的原则却违背了"达"的原则，就要变通翻译，但这种变通，必须在总体上遵照原文。换言之，按照原文表现形式，按照原文字面翻译会使译文出现下列问题时，就要按照译文表达习惯，在原文字面意思的基础上，进行适当增加、减少或改变后翻译：

（1）句子不通顺；

（2）不是地道的译文语句；

（3）译文语境下的人根本不懂；

（4）译文语境下的人不容易懂；

（5）译文不美。

只有译文出现以上这些问题时，我们才能做相应的增加、减少或改变，而且增加、减少或改变后的中心内容必须是原文应有的信息，增加、减少或改变的程度总体上也要符合原文。

比如，将中文的唐诗译成日语时，可按照原文意义译成日语的和歌。因为和歌能满足以下条件：

（1）所用语言为古文（语体上的忠实）；

（2）文体是诗词（文体上的忠实）；

（3）均能让读者感受到音韵上的美（音韵上的忠实）；

（4）表达深邃或美好的意境（意义、价值取向上的忠实）。

概而言之，凡译必"信"、必"达"，"信"而不"达"、不"雅"则变，变亦符"信"及"达"。

第五节　翻译的准备与过程

翻译是运用两种语言的复杂过程，它包括正确理解原文和准确运用另一种语言再现原文的思想内容、感情、风格等。由于翻译工作的复杂性，适当的准备工作是不可缺少的。通过准备，可以使翻译得以顺利进行[①]。

一、翻译的准备

翻译应该进行必要的准备，以利于翻译能一路顺风，善始善终。

正式开始翻译之前可以做的工作很多，主要精力应放在查询相关资料上，以便能对原作及其作者有一个大概的了解，同时为了保证质量和节省时间，我们还应熟悉整个翻译过程可能使用的工具书和参考书。

（一）了解作者

对于作者，我们需要弄清楚他的简略生平、生活时代、政治态度、社会

---

① 孙菲菲. 再论翻译中的理解环节 [J]. 陕西学前师范学院学报，2015，31（02）：82-84.

背景、创作意图、个人风格等。比如，若要翻译一名作家的一篇小说，为了获得有关作者的一些基本信息，译者可以阅读作者自己的传记、回忆录，或者别人写的评传，或者研读文学史、百科全书、知识词典等，还可以阅读用汉语解说的相同辞书，如《中国大百科全书》《辞海》《简明不列颠百科全书》《外国名作家传》《外国人名辞典》《外国历史名人》等。

(二) 了解相关背景

背景知识是指与作品的创作、传播及与作品内容有关的知识；超语言知识按语言学的定义是指交际行为的环境、文章描述的环境及交际的参加者等。

两个概念的外延合起来大约涵盖了前辈翻译家说的"杂学"。

二、翻译的过程

翻译的过程是一个十分繁杂的心理过程，其工作重点是如何准确地理解原文思想，同时恰当地表达原文意义。换言之，翻译的过程就是译者理解原文，并把这种理解恰当地传递给读者的过程。它由三个相互关联的环节组成，即理解、表达和校改。这三个环节是相互联系、往返反复的统一流程，彼此既不能分开隔断，又不能均衡齐观。

为了讲解方便，我们把翻译过程中的理解、表达、校改三个环节分别进行简略论述。

(一) 理解

1. 翻译中理解的特点

第一，翻译中的理解有着鲜明的目的性，即以忠实表达原作的意义并尽可能再现原作的形式之美为目的，它要求对作品的理解比一般的阅读中的理解更透彻、更细致。翻译的理解从宏观上看，要包括原作产生的社会、历史和文化背景；从微观上看，则要细致到词语的色彩、语音，甚至词形。从某种意义上来说，以翻译为目的的理解比以其他为目的的理解所面临的困难要多。以消遣为目的的理解显然无须去分析作品的风格，更无须每个词都认识。即使以研究为目的的理解也无须面面俱到，而只是对所关注的内容（如美学价值、史学价值、科学价值、实用价值等）的理解精度要求高一些。

第二，以翻译为目的的理解采用的思维方式不同于一般的理解。一般的理解，其思维方式大都是单语思维，读汉语作品用汉语进行思维，读日语作品就用日语进行思维。以翻译为目的的理解采用的是双语思维方式，其既用原语进行思维，又用译入语进行思维。原语与译入语在译者的大脑里交替出现，正确的理解也逐步向忠实的表达推进。

第三，以翻译为目的的理解，其表达过程的思维方向遵从的是逆向—顺向模式。一般的抽象思维的方向是从概念系统到语言系统，而阅读理解中的思维则是从语言系统到概念系统，是逆向的。一般的阅读理解捕捉到语言的概念系统后任务便完成了，而翻译则要从这个概念系统出发，建构出另一种语言系统。

2. 顺向思维过程

理解是翻译过程中的第一步，是表达的前提，这是最关键，也是最容易出问题的一个环节。不能准确、透彻地理解原文就无法谈及表达问题。理解首先要从原文的语言现象入手，其次还要涉及文化背景、逻辑关系和具体语境以及专业知识等。

理解中应注意以下方面。

（1）理解语言现象。语言现象的理解主要涉及词汇意义、句法结构、修辞手法和习惯用法等。

（2）弄清文化背景。日语国家的文化背景和中国不同，由此产生了与其民族文化有关的习惯表达法。翻译时我们必须弄清历史文化背景，包括有关的典故等。

（3）理解原文所涉及的专业知识。

（4）透过字面的意思，理解原文内在的深层含义：翻译时需弄清具体含义，切忌望文生义。特别是对文学作品，我们还要抓住其艺术特色，并深入领会其寓意。

（5）联系上下文语言环境。认真阅读上下文，了解语言环境，也就是要在一定的语言环境中才能理解得深刻透彻，只有联系上下文，才能理解原文的逻辑关系，才能确定词语的特定含义。透过表层理解深层意义，同样是靠上下文语言环境。

从语言学的观点看，孤立的一个单词、短语、句子，就很难看出它是什么意思，必须在特定的语言环境中，有一定的上下文才能确定它的意义，才能得以正确理解。

(二) 表达

表达是翻译过程中的第二步，是实现由原语至译入语信息转换的关键。理解是表达的基础，表达是理解的目的和结果。表达的效果取决于译者对原语的理解程度和其实际运用和驾驭译入语的能力。

理解准确则为表达奠定了基础，为确保译文的科学性创造了条件。但理解准确并不意味着一定能翻译出高质量的译文，这是因为翻译还有其艺术性。而翻译的艺术性则依赖于译者的译入语水平、翻译方法和技能技巧。就译入语而言，首先要做到造词准确无误，其次还要考虑语体、修辞等因素，切忌随便乱译。另外，表达还受社会方言，地域方言，作者的创作手法、写作风格以及原语的影响。

翻译时还必须根据具体的情况选择合适的语言单位。如果把句子作为翻译单位，在句子内部又要考虑词素、词、词组、成语等作为翻译单位的对应词语，同时在句子外部还需考虑句子与句子之间的衔接和风格的统一等。由于两种语言之间的差异，译者在翻译单位的对应方面仍会遇到表达的困难。译者必须对两种语言不同的特点进行对比研究，从而找出克服困难的某些具体方法和技巧。

第三章 日语翻译的技巧

第一节 日语敬语翻译

一、日语敬语概述

语言的交际能力在很大程度上会受到语言表达结构的影响。通常情况下，所谓的语言表达行为指的是说话者针对某一特定对象，通过声音的方式对听话者表达语言的行为。听话者会按照对声音的理解对语言表达行为进行不同的理解。说话者与听话者之间对信息内容的理解和表达是存在一定差异的。语言和理解的主体在特殊情境中会组合成特定的人际关系，而说话者对语言的表达能力和技巧会受到人际关系、交流场景、交流内容等因素的不同影响。

对于日语而言，特别在口语表达方式中，不存在待遇意识，所以难以达到近似表达的效果。日本人会根据人际关系和交际场合选择对话的词语。在日语表达中，大多数日本人会根据人际关系决定选择使用哪种语言表达方式，这里就需要注意一个使用敬语的问题。

在语言表达的过程中，使用敬语是为了拉近与对话者之间的社交和心理距离，这是一种非常普遍的社交现象。日语中的敬语受到社会文化等因素的影响，敬语的语言形式相当成熟和多元化，这也是日语的特色。不同的语言会受到不同民族文化历史、聚居地、社会经济以及心理状态等因素的影响，所以说语言是民族文化价值的外在表现。日语敬语之所以发展得比较完善，是因为日本的社会文化、社会尊重、价值观念以及行为方式等都会受到长幼尊卑观念的影响。想要全面地了解和掌握一门语言的结构和特点，就必须去了解这门语言背后的民族文化和价值观点，否则就会在语言交流过程中产生尴尬和不适应的情况，甚至会出现文化休克的情况。所以社会语言学家认为，在语言交际过程中所犯的文化错误相比于语法错误来说，更难以让人接受。

在日语口语表达过程中，经常会使用到敬语，这是一种普遍存在的情况，但对于外国人而言是很难做到的。究其原因在于在学习敬语语言形式的过程中，外国人难以选择和使用合适的词语去处理复杂的人际关系和社交场景。由此可见，使用敬语最大的难点不在于对语言形式和内容的学习和掌握，而在于对语言适应条件和环境的选择。

二、现代敬语的结构分析

现代日语中的敬语语言结构是非常复杂的，日本学术界对其概念、范围和分类尚未达成统一的共识，由于学者认为其是不断发展和变化的，难以进行明确的定义。而最大的争议在于如何去划定敬语的使用范围，从广义和狭义的角度来看，对敬语概念的定义和分类是完全不一样的。

(一) 关于狭义的敬语

狭义的敬语指的是交流双方根据对方的社会地位、关系和亲近程度，结合对话交流的主题性质和对话场景来选择合适的敬语。其主要分为四大类，首先是尊他语和自谦语，其次是礼貌语和美化语。

1. 尊他语

尊他语指的是刻意抬高对话者身份地位和拉近关系的表达方式。有学者将其定义为施事者敬语，即直截了当地求他人办事时所使用的敬语表达方式。

2. 自谦语

自谦语通常适用于对方过度抬高和吹捧自身时，用来降低自己身份地位的表达方式，其存在回敬和拒绝他人请求的意思。学者将这种敬语定义为受事者敬语，即回绝他人请求，间接表达尊重对方的表达形式。

此外，在进入会场讲话的时候，为表达自己与自己一方人物的动作时会使用到自谦语。

3. 礼貌语

礼貌语指的是在社交对话的过程中，说话者对听话者表达尊重和尊敬意思时使用的语言。有学者将其定义为听话人敬语，即直接赞扬和赞美他人的语言表达形式。比如，在日常生活中，除了家庭成员和关系要好的朋友之外，在与他人对话的过程中都会使用到一些礼貌语，这一方面是为了表示对他人的尊重，另一方面是体现自身的素质和教养。所以学者将其定义为社交敬语。尤其是隆重的社交场合，人们经常会使用到礼貌语来体现自己的涵养和素质，这也是保持自己身份地位的惯常手段。从某种程度来说，礼貌语已经脱离了敬语的概念和定义。

4. 美化语

美化语的主要作用是让自己的语言表达形式变得更加优雅、得体。

尊他语和自谦语都是根据对话人物的关系和身份来选择的，其目的在于直接或间接地表达自己敬重对方的意思。而对话中的主体任务，既可以是对话者本身，也可以是对话双方外的第三者。礼貌语是为了表达对听话者的尊重所使用的语言，而美化语的使用目的在于美化自己的语言表达形式和体现自己的素质修养。综上所述，这四种敬语都有各自的特点，在使用过程中，假设对话中提及的人物与听话者是同一个人，那么就存在同时出现四种敬语的可能性，否则就不可能同时出现四种敬语。

(二) 关于广义的敬语

在人们的社会交往过程中，总要和别人发生某种社会关系。比如，你走在街上，就会遇到行人。当你遇到与你相识的人时，你将采取什么行动呢？你也许会一边走一边和他打招呼，也许会停下来同他寒暄一番，也有可能只是略微示意一下就擦身而过，如果遇见的是一个你不喜欢的人，或许你还会装作根本就没看见似的，毫无表情地走过去。这种因对方人物的不同而采取不同态度的行为称作"待遇行为"。待遇表现指的是说话者在表达的过程中，会综合考虑各种要素，选择与之相匹配的语言内容和表达方式。这里所指的要素，主要包括对话中相关人物或事物之间的人际关系，比如，长幼尊卑和亲疏远近等，此外还包括交流过程中说话人当时的心理素质和状态。

严格意义上来看，待遇表现的应用范围比敬语更加广泛。敬语只是待遇表现的一种体现。待遇表现的内容包括多个方面，即狭义层面的所有敬语、表示轻蔑和尊大的语言、各种命名委托语言、各种称呼语言以及相关的直接、间接或委婉的表达方式等内容，都是属于待遇表现的范畴。

综上所述，待遇表现所指的是基于人际关系选择合适的语言内容和表达方式，即包括以听话者及相关人物为中心的，表达对方尊敬所使用的敬语语言，也包括对与自己身份地位同等的人用自大和轻蔑的语言，这些语言的选择很大程度上受到个人主观意愿的影响。假设以人际关系和语言表达形式为出发点，对待遇表现的总结是科学合理的，但从敬语的角度来看，对待遇表现的归纳和总结就显得有些唐突。

那么，日本人在使用敬语时，又是根据什么情况来判断该不该使用敬语，或者是该使用什么样的敬语呢？

一般来讲，判断该不该使用敬语，大体有两大因素：一个是外在的、社会的因素；一个是内在的、心理的因素。

1. 外在的、社会的因素

人际关系的因素（即说话人与听话人及话题中人物之间的关系）包括以下三点：

（1）地位的高低关系——对于在社会地位、年龄、经历、身份（如顾客与店员）等方面地位比自己高的人要使用敬语；

（2）内外关系——向外部人讲自己内部人（特别是自己家里人）的情况时，不能（对内部人）使用敬语；

（3）亲疏关系——一般来讲，对于关系密切的人不使用敬语，对关系不很密切的人则要使用敬语。

说话场合的因素（即是否是正式场合，或有什么人在场等），一般来讲，越是正式的场合越应该使用敬语，另外，即使是非正式场合，如果有身份地位高的人在场时，也应该使用敬语。

以上这些外在的、社会的因素，也需要根据情况综合判断。

2. 内在的、心理的因素

尽管在敬语的使用上，有以上这些外在的、社会的因素起着制约的作用，但是最终使不使用敬语，或者是使用什么样的敬语，还是由说话人自己决定。比如，即使是涉及比自己地位高的人，但是因为你很讨厌他，也完全可以不使用敬语。

根据前述外在因素中所提到的，对于关系密切者不使用敬语的原则，有时不使用敬语还可以表示出对对方的亲近感。另外，特别是在不应该使用敬语的时候，故意使用敬语，或者是使用过多的敬语，还会使对方觉得很冷淡，日本人把其视之为"过于殷勤而无礼"。

日语的敬语是复杂的，即使是日本人，也有许多人会用错，其中，尤其是将自谦语和尊他语混淆的现象非常严重。

三、敬语成立的条件

在规定敬语概念方面，学术界一直尚未达成统一的共识，但有一项是大家都认可的，即敬语是一种表达敬意和尊敬的语言，但这只是表面的定义，其定义并不具体和详尽。

敬语一词最早出现是被用于表达尊重和尊敬的意思，所以才能被归纳成敬语。但从实际使用情况来看，敬语的使用目的只有少部分情况是为了表达对对方的敬意，大多数情况是用来表示对话双方的利益、从属和亲疏关系。对于使用敬语的人而言，只有当对方的身份地位高于自己，或者有求于对方的时候才会使用到敬语，这类人使用敬语并非表达敬意而是为了达到自己的目的，所以敬语的存在与其使用目的之间是没有什么必然联系的。

假设对话双方的关系是上下级或者从属关系，存在一定的身份和等级的差异，那么这时使用的交流语言中肯定会出现敬语的词汇，而使用敬语并不是为了表达敬意，所以敬语与敬意之间没有本质上的联系。尤其是在现代社交场合中，人们会习惯性地分出长幼尊卑，比如，让长辈上座，与上司主动打招呼等行为，通常情况下可以理解为对长辈或上司的敬意，从某些层面来看，使用敬语可以理解为表达自己对对方的尊敬之情。

敬语本身也是语言的一种，所有构成敬语的要素条件与构成语言的要素条件基本上是一致的，即表达的主体、客体和素材。但对于敬语而言，这三大构成要素是不够的，还需要添加一个人际关系要素，这可以理解为对话双方存在敬意的可能性。简单来说，表现主体在叙述客观人和事物的过程中，如果意识到双方的关系存在待遇表现，就需要在语言选择和表达上表现出自己的敬意。由此可见，敬语与敬意之间并非毫无关联性的。

在构成敬语的条件要素中，语言是必要的构成要素之一，在上下级关系中存在的敬意也是构成敬语的必要要素。那么我们需要研究的就是如何把握上下级的人际关系。

只要存在人类社会，就一定会存在人际关系。我们将从使用敬语和现代敬语的角度去分析人际关系。

(一) 上下关系

所谓上下关系指的是人与人之间存在的身份地位的高低、实力的强弱、年龄的长幼以及辈分的先后等关系。在人类社会中，存在的上下关系是非常复杂的。我们在这里将其视为一种语言表现进行分析研究，主要针对的是与敬语有关的上下关系。尽管个人自身身体条件的差别也存在上下级关系，如高矮胖瘦等，但在日语敬语中，这些因素对敬语的选择和使用没有丝毫影响。

(二) 利益关系

众所周知，在现代社会中，有人的地方就存在着利益的交换，许多人际关系都是建立在利益交换的基础上。利益关系是构成敬语的关键条件。如医患关系、师生关系、借贷关系、求助关系等，这些关系都是建立在利益的基础上，前者是利益的给予者，后者是利益的获取者，双方构成的人际关系是复杂且多变的。在使用敬语的过程中，利益授予者往往是上位者的身份，利益获取者通常是使用敬语的主体。但利益关系不是固定不变的，也会随着时间和事件的发展变化而变化，一旦利益关系不存在了，那么使用敬语的前提条件也就消失了。

(三) 亲疏关系

亲疏关系也是构成现代敬语的主要条件。通常情况下对疏远的人才会使用敬语，对自己亲近的人是不会使用敬语的，对于现代日本社会生活同样如此。

在社会关系中，亲疏关系往往指的是血缘与非血缘关系。在家庭成员中自己的直系亲属就是亲近的关系，与自己不存在家属关系的社会群体则是疏远关系。日本作为一个半宗法的社会，他们将公司和学校等场所当作家庭，与其他国家的社会群体意识存在一定的差异性。其基本发展则是内者亲、外者疏，此外，还存在心理层面上的亲疏关系。虽然都是一个社会群体的成员，但加入的时间长短是不一样的，所以会存在心理上的亲疏差距，一开始加入的成员都会对老成员使用敬语，但一段时间后关系建立起来了使用敬语的频率就会减少。但就算不是同一社会群体，也会随着个人关系的变化产生心理上的亲疏远近。由此可见，亲疏关系会受到心理变化的影响，而受社会关系变化的影响相对较小。

(四) 场合条件

场合条件指的是在人际交往过程中所处的不同场景，使用敬语的选择和内容会受到不同对话场合的影响。

构成敬语的有利条件是无法片面决定的，在上述关系中没有相同的地方，其代表的价值观之间存在明显的差异性。

总而言之，构成敬语的条件基本上就包含了对话主体、话题和对话场合三大要素，即交际环境的组合要素，其是不断发展变化的。构成交际环境组合要素的前提就是人，人是具有自己社会和个人环境特征的。从个人扮演的社会角色来看，一个人表达的语言与其所处的社会阶层、群体和年龄段是有很大关系的，如果超出了这些因素的束缚，说出去的话就会受到他人的嘲笑，其交际目的也会大打折扣。就算是一个人能够以正确的语言去表达敬意，也不能扮演对应的社会角色，因为使用语言是要分交际环境的。人需要根据交际环境的变化去调整自己扮演的角色，这样才能更快地适应交际环境并达到交际目的。

四、敬语的交际功能

著名社会语言学家海姆斯在其研究中认为：使用语言必须基于一定的规则，否则语法就会显得毫无意义。人所具备的使用语言进行交际的能力，其实就是基于社会文化规则进行语言交流的过程。使用语言不仅会受到语法规则的限制，还会受到可接受性、语境适应性以及文化性等规则的限制和约束。

人与生俱来的语言能力，其实还包括交际能力。语言的交际能力指的是通过说话或写作的方式达到自己的目的。其与不同类型语言事件之间存在一定的关联性，这也是构成语言功能和组成语言事件的重要因素。语言交际功能是相对复杂的一种能力，其对使用语境的要求是比较高的。在表现形式方面，其表现出复杂多变的特点，即单一的形式在不同的语境中发挥着不同的功能。所以，我们想要利用语言做好社会人际交往，只掌握一种语言表达形式是远远不够的。

在分类语言交际功能方面，学术界存在很大的争议，尚未达成统一的共识。海姆斯（Hymes）在其研究中将其分为七种类型，首先是表达和指示功能，其次是诗意和接触功能，然后是元语言和所指功能，最后是语境功能。但日本语言学家时枝诚记将其分为三种类型，首先是实用功能，其次是社交功能，最后是鉴赏功能。所以说语言的交际功能是多样化的，根据不同的交际目的和语境的变化展现出不同的功能。从敬语的角度来看，敬语的功能不是为了传递和获取信息，而是为了拉近与对话者之间的关系和距离。

在日语中，敬语的交际功能不仅包括表达尊敬和谦虚的功能，根据不同的语境和人际关系还呈现出其他不同的功能。

(一) 亲近功能

敬语的一大功能就是为了拉近与对方的关系和距离，让关系变得更加亲近，通常适用于成年人与儿童的对话之中。

(二) 疏远功能

通常在与陌生人第一次对话交流时，人们出于尊重和礼貌会使用一些敬语来表达对对方的尊重。就像是人石初太郎认为的那样：敬语本质上就是一种疏远的语言，适用于人与人之间存在心理隔阂的社交场合。在双方都想保持一定社交距离的时候会使用一些简单的敬语。从某种程度来看，敬语确实存在制造和保持社交心理安全距离的功能。只有对外人才会使用敬语，对待自己熟悉亲近之人是很少使用敬语的。所以亲疏关系就是构成敬语的重要条件。

(三) 恭维功能

恭维和奉承是同一个意思，但与尊敬却是两种截然不同的概念，其目的在于讨好对方达到自己的目的，往往会夸大其词。

（四）炫示功能

在日本使用敬语是一种教养的体现，大多数日本人都能熟练地使用敬语。所以使用敬语可以理解为炫示教养，以使用敬语的方式向外界展示自己的高雅和素养。

上文介绍的四种敬语的功能无法代表敬语的所有功能，只能算是一种简单的概括。但这四种功能，从某种意义上来看，与使用敬语的意义是截然相反的。构成敬语的条件之一就是角色的结构关系，其会随着关系结构的变化而改变。大家都清楚在使用语言的过程中，人们会受到社会结构和社会关系的影响，即根据对话者的社会关系选择合适的语言进行表达。社会关系不是固定不变的，其产生变化时使用的词语和代表的功能也会产生变化。由此可见，语言是构成社会关系的基本要素。人在交往过程中扮演的是社会关系代言人的角色。在使用敬语的过程中，交谈的重点在于体现对话双方的共性，而不是传递个人的观点和看法。至于如何交谈和谈什么要视情况而定。日本人在发言的过程中，一般不会考虑如何让自己的发言更加得体和具有逻辑性，而是会考虑如何使用合适的敬语去表达自己的想法，让对方接受的同时又不得罪对方。这是日本社交的诟病，是难以解决的。

五、敬语的历史发展及未来

（一）敬语的历史发展

语言是社会经济发展到一定阶段和程度的产物，与人类社会的发展历史是相向而行的。敬语的出现在很大程度上是受到社会制度、风俗习惯和人际关系的影响，在不同的社会发展阶段人们呈现出不同的社会心理，其语言行为意识也会呈现出不同的特点。敬语是一种特殊的语言，会随着日本人敬语意识的变化而变化。

日语的重要特点就是敬语，其具有悠久的历史。至于敬语是如何产生的，有学者认为最早是出于对神灵的敬畏，或者是对神灵的避讳，简单来说就是古代人对神灵存在敬畏和恐惧的心理。古代人认为通过使用敬语的方式来祈求神灵可以达到避免灾祸和不幸的目的，甚至会给他们带来不一样的好运和幸福，敬语使用得越优美这种好运和幸福就会越多。这种敬畏心理就是敬语诞生的原因之一。

这种出于神灵和天皇敬畏心理产生的敬语，一直发展到镰仓时代后演变成表达人与人尊卑和上下级关系的敬语。尤其是在江湖时代，受到武士幕藩统治的影响，建立了严格的等级和身份制度，将人们分为不同的等级，下级要绝对服从上级的指令，下级要表达对上级的忠诚和尊重，所以我们将这种出于等级意识的敬语定义为序列敬语。

古代的日本社会在幕藩体制统治下，一直发展到明治维新时代，都延续和保持着严格的封建等级制度。自从明治维新以后，日本政府提出了四民平等的倡议，对封建等级制度造成极大的冲击，但仍保留了对天皇和皇族的绝对敬畏，国民的户籍上仍存在士族和平民的等级区别。日本国民在接受义务教育的过程中，接受了礼法教育，学习了大量的敬语内容，其目的就是维护平民阶层对皇族的敬畏心理。日本自二次世界大战战败以后，天皇作为当时统治的象征，被彻底废除，在宪法上确定了国民自由平等的社会地位。在社会体制发展巨变的情况下，敬语的使用随之发生了实质性的变化。

日本的古代敬语很容易受到外界客观因素的影响，而现代敬语则会受到主观心理因素的影响。敬语发展至今体现出性格特征的变化。辻村敏树在其研究中对敬语的性格特征进行了总结和概括，第一是出于上下级关系使用的敬语，第二是出于实力和地位差距使用的敬语，第三是出于对疏远者使用的敬语，第四是出于教养使用的敬语，第五是调侃自己使用的敬语。

在分析研究敬语性格变化方面，战后日本的社会和政治体制发生了巨变，其战后社会经济的发展同样发生了巨变，这两种巨变对敬语的发展变化产生了深远的影响。首先，日本在二战战败以后，社会结构发生巨变，社会从农村型完成了向都市型的转变。其次日本在第三次工业革命中兴起，国民过上了工薪生活。再次日本的教育事业受到足够的重视。最后日本的社会经济和社会生活得到极大的发展和改善，日本进入发达国家序列。

以上日本社会经济发生的巨变对敬语的发展产生了非常深远的影响。日本国民的受教育程度不断提高，人们对生活品质的追求也越来越高，人们开始懂文明讲礼貌。日本的社会完成了从农村向都市和城市的转变，日本在第三次工业革命中兴起，人们的生活水平和质量得到极大的改善，这些因素都对封建的等级制度和观念产生了巨大的冲击，虽然仍有日本人保持着使用敬语的习惯，但敬语未来的发展趋势呈现出多元化和个性化的特点。

日语敬语在个性化发展的过程中，忽略了规范性发展，导致出现了混乱使用敬语的情况，这种情况在二战以后特别明显，有学者认为这是战败过渡的正常现象，是新旧敬语意识交替的必然结果。

（二）敬语的发展趋向

在1952年4月，日本国语审议会商议通过了关于使用敬语的文件，明确了使用敬语的条件和简化敬语的基本原则。其在基于对对方尊重的前提下，提出了将敬语变得更加简单和平易近人的倡议。在该文件推出和实施以后，日本传统的敬语就发生了明显的变化。其中尊他语和自谦语在表达和应用形式上出现了衰落的迹象，而使用恭维语的频率逐渐增多。所以自谦语逐渐演变为恭维语，而恭维语逐渐取代了尊他语和自谦语的功能。在日语敬语中恭维语发展成了主流敬语。从20世纪80年代开始，日本人出现一批新人类，他们创造了一种新的青年文化，诞生了一种新的语言流派。从20世纪90年代开始，这些新人类进一步促进了青年语言文化的发展。他们在使用敬语的过程中不会受到传统敬语的语法和规则的限制，出现了一些新奇的敬语。日本自二战战败以后，出现了一定时期使用敬语混乱的情况，这其实是受到全球政治经济文化一体化的影响，导致使用敬语的环境和条件发生变化。日本敬语的发展变化与其社会经济发展变化是息息相关的。日本文化审议会在2000年对敬语的概念进行归纳总结，将敬语定义为在人际交往中表达对对方尊重的语言，并按照不同的交际对象和场合选择合适的敬语。在表达形式方面，人们需要考虑对话双方所处的环境和身份地位，从复杂的敬语表达形式中选择出合适的一种是一件难度较大的事。日本对敬语概念的报告规范了现代敬语的发展标准，使得日本敬语走向国际化和多元化的发展道路。

由此可见，日本敬语的发展和应用在很大程度上受到日本社会经济发展的影响，并朝着多元化和个性化的方向发展。日本的国语审议会在规范和发展日语敬语方面做了许多研究工作，但这些政府机构是无法改变日语敬语未来的发展变化和发展趋势的。对于日本国民而言，尤其是年轻的一代人，他们受到社会新思潮的影响，往往会创造一些新奇的敬语，政府需要对这些被创造的敬语进行限制和规范，这样才能确保敬语持续健康稳定地发展。传统的日语敬语是在当时社会基础上建立和发展的，而现代的敬语也会随着社会时代的发展变化做出相应的改变。对于日语学习者和教育者而言，我们要时刻关注敬语的发展变化和发展趋势，在了解日本语言文化发展变化的前提下，更好地学习和传授日语敬语，为中日友好交流做出更多的贡献。

六、日语敬语翻译难点及解决对策

在日语语言交流体系中，使用敬语是一种普遍存在的现象。而构建良好人际关系的重要前提在于使用得体合适的敬语。但对于日本人来说在不同的社交场合，根据不同对象选择合适简单的敬语并非一件简单容易的事情。敬语的使用规则无法进行系统性的概括，在使用过程中要求使用者必须做到随机应变和灵活自如，这样才能达到使用敬语的目的。日本人的一生经历了家庭、学校、职业和社会教育阶段，对敬语的学习和掌握已经相当娴熟，他们会根据交谈对方的社会身份地位、实力强弱、年龄性别、社交场合、人际关系等因素去选择合适的敬语表达形式，在敬语内容的选择方面会变得小心谨慎。中国学生自古以来就没有使用敬语的意识和习惯，所以在使用敬语的过程中往往会出现困惑和使用错误的情况。这些都是日语敬语教学的重难点问题，需要予以足够的重视和关注。

(一) 日语敬语教学难点分析

学习敬语的重难点就是教学过程中需要格外关注的地方。想要学好和使用好敬语就必须解决这些重难点问题，对于日本人而言使用敬语也不是一件容易的事，对于外国人而言学习和使用敬语的难度要大得多。在日语敬语教学中存在的难点主要分为三个方面：

1. 词汇、语法难

与非敬语相比，敬语的词汇量和语法结构都有所不同，在授课过程中的难易度也是不一样的。在日本许多年轻人都学不好和说不好敬语，经常会出现使用敬语混乱的情况，于是日本政府就安排电台或电视台开设教育节目专门指导日本年轻人学习和使用敬语，在日本学校中还会开设专门的学习敬语的课程。但这与我们在课堂上学习敬语的情况是不一样的，日本年轻人被要求在任何场合都要注意使用正确的敬语，他们对敬语的词汇和语法有一定的了解和认识。但于外国学生而言，日语作为一门新语言，对日语敬语的词汇和语法是一无所知，所以教学的重难点应该放在敬语语法和词汇的讲解上。

2. 敬语的结构体系复杂、表达形式繁多

在现代日语中，敬语的语言结构是非常复杂且多变的，目前对其概念、范围和分类尚未达成统一的共识。由于日语敬语的种类过于复杂，根据表达形式可将其分为四种类型，首先是尊敬语和自谦语，其次是郑重语和美化语。同一种敬语表达敬意的形式有时候是完全不一样的，初学者往往难以拿捏和掌握表达敬意的分寸。人们通常会用名词和动词来表达敬语，从句子结构的角度来看，敬语的表达由主谓宾三种语法构成。但在日语中日语敬语还存在不同的语法规则和固定词汇，特别是那些生产敬语句子的谓语词汇。简单来说，一些动词需要根据一定的规则转变为敬语动词。

3. 结合复杂人际关系下的敬语运用难，程度把握难

在日语体系中，不论是词汇语法还是句子结构，敬语都已经形成了独立完整的体系结构，所以学习日语敬语的难度是比较大的。但从实际使用敬语的情况来看，大多数人使用敬语并非为了表达对对方的尊敬，反而是将其当作体现上下、亲疏和恩惠关系的语言工具。对于日本人而言，他们受到日语敬语文化的熏陶和影响，能够灵活自如地选择合适的敬语内容和表达形式。但对于中国学生来说，日语作为一种新语言，他们要想学好和使用好敬语是一件非常困难的事情。在使用敬语的过程中，人们不仅要考虑如何合理地使用和搭配敬语的词汇和语法，还要注意一些常见的表达错误的问题。因为在使用敬语的过程中，人们要时刻关注使用场景和对象的变化，要对不同的敬语词汇和语法进行灵活搭配组合，这样才能表达出真实的意思，才能达到使用敬语的目的。此外，狭义的敬语更关注的是形式表现，而不是敬语的内容，使用敬语是为了针对不同的社交场合和目的达到拉近和改善人际关系和距离的目的。

(二) 日语敬语教学难点的解决办法

在探究和分析以上难点问题时，我们可以尝试通过不同的办法来进行：

1. 增加日本民族文化特征介绍

日本语言文化中的敬语主要和日本内部的社会文化有关，是社会发展和文化背景在语言上的集中体现。也就是说，敬语教学活动的开展需满足一些基本的条件。首先，我们需要对日本的民族文化有一定程度的了解，介绍日本人长期以来遵循的社会准则，知晓日本人的行为方式，关注日本人的价值观念，并在此基础上总结出日本人的文化特征等。作为教师，在向学生传授或讲解敬语语法知识的过程中，需要向学生讲述日本传统文化的特征，只有做到这一点才能为后续的敬语教学打好基础，做好准备。

2. 侧重交际语言教育

敬语在日语语言文化中比较常见，但日本的敬语是一个相对灵活的语言体系。就日本人而言，其更倾向于敬语在生活中的广泛应用，用于表达对谈话对象的尊重和疏远，在某种情况下也是为了展示个人的修养和礼貌，其目的非常明确，就是为了获得对方的好感。也就是说，敬语的形成与发展来源于日本人内心根深蒂固的思想和文化，是一种强烈的心理意识。由此可见，我们在探究敬语教学这一课题时，应该将其视为一种动态的语法结构，在现实生活中，在复杂烦琐的人际交流中，来使用敬语。简而言之，沟通和交流才是敬语教学的关键和重心，敬语教学的核心内容是交际语言教育，这点需要重点关注。与此同时，作为教师需要经常性地鼓励学生在生活交际中多多使用敬语来表达，确保学生对敬语有深入的了解，从而树立使用敬语的信心和态度。此外，在与日本人交流的过程中，敬语可作为人们表达敬意和礼貌的方式，但在表达的过程中，也要强调对表情或语调的合理运用，从而起到一定的辅助作用。

3. 强化情景教学训练

作为教师，在课堂教学中应该向学生介绍日本民族不同时期的社会文化，让他们了解日本文化与其他国家文化的区别和特征。需要注意的是，敬语语言知识的教学和指导，应强调情境和场景的搭建，只有这样才能确保学生对敬语的内涵和作用有深入的理解和认知。究其原因，主要是因为敬语的使用对交流场景有着严格的要求，只有在特定的场景中才能体现敬语的交际功能，才能划分敬语的类型。教师在开展敬语教学活动时，需围绕具体的场景，指导学生对实际的交流场面有准确的把握，让学生了解敬语不同的语言表达形式，如此一来才能获得事半功倍的教学效果。敬语教学离不开敬语训练的支持，只有根据敬语教学的内容和目标来设置训练场面，才能确保学生在敬语教学中学习到新的东西，并将其应用在具体的语言环境中。还有就是，学生需要在教师的指导下经常参与电话敬语练习，这一练习模式对于学生今后的工作有着至关重要的影响。在练习的过程中，由教师给学生安排不同的角色，保证每一个学生都能参与其中，获得练习的机会。总的来讲，敬语教学的关键在于情景教学训练。

七、日语敬语有效翻译模式及策略

对日本文化稍有了解的人都知道，敬语在日本社会交际中应用得十分普遍，是非常重要的入场券，对于日本民族礼仪文化的传承与发展起到至关重要的作用。也就是说，敬语的正确使用是学习日语的基础和前提条件，能够帮助日语学习者对日本人长期以来的思维习惯有准确的把握，从而和日本人展开深入且密切的交流。从敬语教学的层面来讲，教师需要指导学生掌握敬语使用的技巧和方法，并在现实生活中尝试使用敬语和日本人进行交流，这也是论文研究的主要课题。

（一）日语敬语教学的现状

国内的一些大学也开设了日语专业，以敬语教学为中心开展一系列的日语教学活动。日语学习者在初级学习阶段需要了解日语的语言系统，对郑重语与敬语之间的差别有一定的认知，但这些知识点通常会被日语教师所忽视，教师很少就敬语的使用来对学生进行详细的解释和系统的说明。日语教师经常会结合教材来向学生讲解日语简体形式和敬体形式之间的差异，如果与尊重的人交流需要用敬体，这种情况下使用简体会导致对方陷入尴尬的境地，或是给对方造成心理上的困扰。由此一来，学生可能就误认为敬体和敬语之间没有实质性的差别，是可以等同替换的，郑重语在某些情况下也可以作为表达敬意的方式方法。不过在学习敬语的过程中，教师们经常使用的教学方法千篇一律，他们会更加强调对学生敬语语法结构的传授以及敬语类型的讲解等教学内容，并未关注日语敬语背后的日本民族文化，这样一来就会对最终的敬语教学效果造成负面的影响。不仅如此，和敬语类型、性质及功能相关的教学，和"敬语表现"的学习没有必然的关联。就敬语表现而言，指的是在明确交流双方身份角色的基础上，根据具体的交际场合和场景来适配教学内容，利用敬语来串联对话或文章，从而以行为表现的形式呈现出来，这种属于广义范畴的敬语。由于大部分的日语敬语教学都只关注敬语形式的讲解与传授，使得日语学习者们被迫机械性地记忆敬语最基础的语法结构，对敬语表现的了解程度相对较浅，更别提敬语的内涵和意义，其最终结果就是在敬语使用时出现各种各样的错误，很难培养学生的敬语运用能力。

(二) 敬语的有效教学模式

第一阶段，是日语学习者语言能力培养的初级阶段，这是非常重要的学习时期。在这一阶段，学生对日语的了解相对较浅，需要教师从最基础的层面来讲解、介绍敬语相关的理论知识，指出敬语和敬体之间的差别，确保学生对日语的基本概念、类型和使用技巧等有初步的认知，形成一定的日语学习意识，对敬体的概念和内涵有一定的理解，明确敬语学习对于日语学习的重要意义，为后续的敬语学习奠定基础，做好准备。

第二阶段，学生在第一阶段对日语敬语的基本概念、词汇、句型以及语法等有了一定的了解和掌握，可独立完成一些简单的会话和读写，形成了初步的记忆和感性认识。在这一阶段中，教师应秉承避繁就简的原则，向学生介绍一些基础的敬语知识，如敬语的类型和常用的语法结构等。此外，教师还可以向学生讲解敬语的基本性质、具体的功能以及最优的使用对象等，并概括敬语的使用范围。学生在了解这几个方面的知识以后，就可以有效避免敬语使用的错误。

第三阶段，教师通过对学生的日语教学来加深学生对敬语相关知识的印象，可独立说出敬语的基本性质和常见功能，让学生意识到敬语使用对于人际关系概括的重要意义。此外，教师可尝试在复杂的人际交流活动中设置敬语使用的情景和场合，通过深入且细致的讲解分析，让学生了解更多的敬语使用知识内容，为后续的日语敬语学习和实践奠定基础。从某种意义上来说，敬语的使用需要满足一定的前提条件，即明确具体的人际关系，然后再匹配合适的表达形式。总的来讲，只要明确敬语使用时的人际关系，就可以避免在使用敬语时出现各种各样的错误和问题。

第四阶段，随着学生的深入学习和练习，学生逐渐掌握了一定的敬语运用能力，正式进入敬语教学的高级阶段。在这个阶段中，敬语教学的内容有所改变，教师需要从日本社会的发展、社会学理论以及民俗心理学等不同维度和视角来探究日语敬语的特征和使用范围。作为教师，在向学生教学敬语语言知识的过程中，需强调敬语场景的搭建和实践教学。通过教师的指导来让学生了解复杂的敬语交流场景，对敬语使用的人际关系有准确的把握，安排学生扮演不同的身份角色，参与一系列的模拟训练活动，加深学生对敬语文化的认知和理解。以"场面"为核心内容的敬语教学，可促使学生对敬语交流的场面和关系有深刻的理解，从而了解各种不同的敬语表达形式，对于敬语教学效率的提高有积极的影响，可在敬语教学中获得事半功倍、举一反三的效果。

敬语教学的教学手段和方式多种多样，可尝试借助多媒体计算机来对敬语教学的场合和人物关系进行模拟，呈现敬语使用的不同场景，让学生置身其中有身临其境的体验和感受，提高敬语教学的效率和水平。此外，教师还可尝试通过视听说教学来为学生创造更多的学习机会，让学生对日本社会的发展历史和文化传承等有深入的了解，加深对敬语的概念、内涵和类型等知识的记忆。在第一、第二阶段中，有声资料被当成是辅助敬语教学的材料之一，起到了一定的辅助作用。随着第三阶段的到来，教师开始尝试通过场景会话来开展敬语教学。学生在教师的引导下观看与敬语教学相关的音像教材，结合实际场景来对敬语相关的知识进行讲解和教学，通过理论与实践的相互结合培养学生的敬语使用能力。此外，教师还可以通过对敬语使用场景的模拟来锻炼学生的语言适应能力，促使学生对日语敬语的多变性有一定的认知和理解。

（三）教学方法及策略

1. 从《敬语指南》中学习敬语

敬语的正确使用需要了解敬语的类型和特征，这是学习敬语的基础和前提。参考目前使用的日语教科书可以发现，日语中的敬语主要包括三种类型：一种是尊敬语；一种是谦让语；还有一种是郑重语。谦让语与其他两类敬语相比，在用法特征方面相对没有那么清晰。2007年2月，日本文化厅正式下发白皮书《敬语指南》，重新对敬语的类型进行了划分，从之前的"三大类"延伸为五大类。与之前的分类相比，新增了一些不同类型的敬语，即谦让语Ⅰ、谦让语Ⅱ以及美化语。此白皮书对敬语的类型和理论进行重新界定，并强调敬语与现代社会语言交际之间的密切关系。随着新分类法的使用和推广，日语学习者有了更加清晰和准确的敬语概念。学生对敬语的新分类标准和内容有了新的认识，为后续的敬语使用确定了原则和规定。之前的分类方法看似遵循了敬语民主化的发展趋势，但仍旧强调社会地位的高低贵贱。随着新五分类法的提出与运用，敬语的使用和时代发展的规律保持高度的一致，交流双方也能获得一定的尊重。不得不说，该指南是社会进步的必然产物，有着一定的合理性和可行性。传统的敬语使用依赖交流双方社会地位的高低贵贱，在提出新分类方法以后，交流双方在社会地位上的差异被消除，交流双方之间可获得基本的尊重，这也是提出新分类方法的初衷和目的。就目前的日语教学而言，教师需要引导日语学习者在内心深处建构完整的敬语概念和知识体系，为敬语表达方式和表现形式的理解和认知做好准备，只有这样才能获得理想的教学效果和学习效果。

2. 敬语语用分析教学

教师在开展敬语教学活动时，可选择的教学方法有很多，如静态分析法（着重分析敬语的语法结构、敬语的词语顺序以及敬语的词义）和动态分析法。除理论分析以外，敬语教学还应该强调语言在实践中的运用。究其原因，主要是因为语言运用需满足"得体"的基本条件和要求。举例来讲，敬语的使用对语用社交语境有着一定的要求，需要对说话者、听话者和第三人称之间的关系有深刻的理解和认知，然后结合实际的语境选择适合的表达方式，反映交流双方对各自的敬意。日本人向来崇尚和睦，推崇以和为贵的思想和观念，因此在使用敬语时会被社会人际交往准则所限制。从语用学的角度来讲，其中提出的礼貌原则理论上可应用在日语敬语的使用中，在日语敬语的表达和表现中发挥着重要的作用。也就是说，日语的敬语教学既要强调对日本语言文化的了解，还应关注学生对语用学知识的掌握，只有这样学生才能通过敬语学习来分析敬语在各种语言环境和场合中的语用情况，为后续日语敬语的理解和表达奠定基础，对于解决日语敬语学习过程中存在的难点和重点问题有着重要的作用。

3. 日语教育中的待遇表现与敬语

就目前而言，对于大多数日语学习者来讲，他们都把待遇表现当成敬语或敬意，这种语言语用的认识在广大日语学习者群体内部一直存在。在探讨日语中人际关系的表达方式和形式等问题时，大家似乎只会想到和提及敬语。在日语学习者的心中，敬语代表着日语的一切，这种认识和想法是错误的。不过，待遇表现可理解为日语中针对人际关系表达形式的整体性归纳和总结。我们在讨论"待遇表现"的定义和概念时，一般将其描述为说话人和听话者之间发生了真实的语言表达，结合语言中提及的条件来适配相应的表达方式。"待遇表现"在人际关系方面的表现形式主要涉及三个层面，一是上下关系；二是内部与外部之间的关系；三是利害关系。相比之下，内外关系可发挥重要的支配功能，之所以选择不一样的表现形式，是因为敬语使用中的人际关系相对比较复杂，代表着日本人各不相同的"待遇心理"在语言表达中的集中反映。就敬语而言，即便被当成是待遇表现的核心内容，但不代表待遇表现只能以敬语的形式表现出来。相反，待遇表现的覆盖范围相对宽泛，既包括反敬语和准敬语，还涉及一些非语言的行为。由此可见，无论是学习日语还是教授日语都应该明确敬语使用中的复杂的人际关系，并在此基础上适配相应的语言表达形式，不可出现概念或定义上的模糊或混淆，不可对敬语产生过高的依赖性，而需要以待遇表现为中心使用敬语，只有这样才能突出问题的内在和本质。

4. 日语敬语教学要与文化意识培养相结合

对于任何一个民族来讲，语言都是不可磨灭的精神记忆，蕴含着丰富而宝贵的民族文化，而文字所起到的作用是将这种记忆和文化信息以具象化的符号来进行表达和呈现。文化是一个民族的文化，不是某个人或某个群体的文化。语言是一个民族的语言，也就是说日语是日本民族独特且应用广泛的语言。而敬语是组成日语体系结构的重要一环，是日本民族长期生存和发展过程中形成的语言文化，与日本民族的居住地域环境有关，会受到日本民族经济生活和社会政治因素的影响，也间接或直接反映着日本民族在不同时期的心理状态。日语中的敬语有着强烈的民族色彩，是日本民族文化的载体和表征。日语敬语之所以非常繁杂，原因在于日本复杂的社会结构和特征，二者之间有着必然的联系。此外，日语中的敬语在多数情况下也反映出日本人与其他国家民族人群不一样的等级观念。就日本这个国家来讲，其社会结构相对比较复杂，会根据序列来界定人际关系，强烈的序列意识使得日本社会的方方面面都充斥着显著的等级观念。日本的家庭、学校以及企业等基本都设有独立且特殊的等级秩序，有男女性别的序列，有长幼之间的序列，还有身份和资格等方面的序列。举例来讲，某些人由于入社的时间相对较晚，或是因为年龄不大，或是因为参与资格考试的次序靠后，就可能要在同辈面前甘拜下风。不过，站在日本人的立场来讲，他们对这种类似的等级制度和观念已经习惯，每个人都明确自身的地位和位置，会严格按照既定的规矩和准则来约束自己的行为，在公共场合中和对方保持合理的距离，表达对对方的尊重。随着这种等级观念的兴起和发展，日本人相互之间产生了强烈的距离意识，最终以语言的形式表现出来，为日语敬语的形成与发展奠定基础。总的来讲，敬语在日语中比较常见，敬语的形成与应用可认为是日本人行为方式、价值观念、思想认知以及社会准则等各个方面的综合体现，是日本独特的民族文化在语言表达形式上的反映和呈现。综上所述，教师在开展日语敬语教学活动的过程中，需向学生讲解与敬语相关的语言知识和理论思想，结合日本民族独特的文化特征来推进日语敬语教学事业的发展。只有做到这些，我们才能真正算是打开了敬语世界的大门。

5. 建立合理的课程体系，完善教学方法

(1) 构建科学完善的课程教学体系。

敬语教学需根据学生语言能力的培养情况、学生表达能力的提升以及学生文化知识的掌握程度等来展开。也就是说，敬语教学活动的开展需涉及各个方面，既要强调学生对教科书中知识内容的学习，也要指导学生了解敬语背后的文化背景，关注学生的对话和写作等能力的提升，通过与其他课程的相互关联和相互协调，来提高学生适应语境和场景的语言表达能力。其一，适当增加选修课的比重；其二，根据教学目标和任务来规划实践课程；其三，讲解日本礼仪以及职业商务等相关的知识和技能。

（2）丰富日语敬语教学的方法和手段。

日语敬语教学需转变传统的课堂理论教学模式和教学理念，根据目前的教学情况来构建系统的敬语教学方法体系。在适当的情况下利用先进的多媒体技术和设备，结合敬语语境的情景案例来展开一系列的教学分析，促使学生在学习和训练的过程中形成一定的敬语表达能力，并将其应用在现实生活中。同时，教师就常见的敬语误用实例进行对比与分析，让学生对敬语的使用技巧和注意事项等有深入的了解，避免在句子运用和书写文章的过程中出现大量的错误，掌握敬语使用的基础技能。

综上所述，我们可以通过敬语来了解日本民族不同时期的民族文化发展情况，映射出日本民族长期以来的社会文化发展趋势和特征，对日本民族的文化习俗和社会心理等有准确的把握，为日语敬语的学习奠定基础。就日语教学而言，教师需知晓敬语对于日语教学的重要意义和价值，只有学好敬语才能真正做到跨文化的社会交际。

第二节　日语语言翻译与文化翻译

一、日语语言文化特征分析

受到日本传统思想与文化的影响，日语语言在表达过程中形成某种固定模式，同时具有一定的表达特色。我们可从其语言文化暧昧性角度出发，总结出以下几个方面的日语语言文化特征。

（一）日语语言具有强烈的内外意识性

日本这个国家和民族是具有强烈的内外意识的，这种强烈的意识也直接体现在其语言文化中。例如，在日本语言交流中几乎不会用到"我""你"之类的词汇，因为在日本人心目中这种词汇是较为死板的，在交流过程中如果直接用这样的词汇进行交流，会直接影响对话的和谐性，显得彼此之间十分生疏。换句话说，在日本语言表达过程中会较为习惯应用一些内外分明的词汇来准确地表达"我""你"，这也是日语语言表达过程中敬语词汇应用较多的原因之一。仅就这一点来看，其与我国的汉语语言文化及表达特征之间存在显著差异，在汉语语言表达过程中更加自由随意，没有对应的表达方式与专门性词汇。这种差异是中日文化观念不同导致的，是基于不同地域环境、政治环境、经济环境以及文化环境等诸多文化差异背景下造成的^①。

日语给人以丰富的想象空间，语言弹性大，所以直接而强硬的语言表现不如间接的、轻缓的和象征性的表现效果好。另外日语的这种模糊表现还源于日本人的"关怀过剩"。在日本人的人际关系中，非常注重他人的情感，注重与他人的心的距离，在附和他人意见的同时，内心还保留着冲突。这种压抑的冲突感随时会爆发。所以日语中的模糊表现只在表面上起着润滑剂的作用，也有爆发的时候，比方说在值得信赖的"内"人面前，则一改暧昧的表现，直抒胸臆。由此可见日本人在谈话中有明显的内外分别，这源于日本人注重集团意识。父母、兄弟、夫妇为"内"，与自己关系不大的为"外"。日本人生活空间狭小，人与人之间处于相互监视的状态之下，集体对个人而言，具有强大的约束力。这表明日本人对集体的安全感和依赖感以及脱离集体的危机感和空虚感。

所以，从事日语教学的教师，应该注重语言和文化的相互渗透和影响，只有这样才能使学生准确灵活地运用日语，使交流得以顺利进行，达到相应的教学效果和目的。

(二) 日语语言文化的暧昧性与模糊性

日语语言的暧昧性是其主要特征，这种暧昧性体现在他们在进行语言交流的过程中更含蓄和谨慎。而日语语言表达中的模糊性也是其暧昧性的另一种体现。例如，在日语表达过程中其语言常常出现模棱两可性，正常的语言交流中也会采用一种相对间接的语言表达方式，通过不够明确的词汇进行表达，使表达意思具有模糊性，这就造成语言信息接收者很难准确地对信息传递的真正意义进行体会。例如，一些日语词汇在不同的场合、语境下所表达出的含义完全不同，这就给信息接收者提出了更高要求，要能够根据具体场合的实际需要判断语言表达者是要传达出怎样的信息，达到准确把握其含义的目的。与此同时，日本人在对时间与地点进行描述的过程中也喜欢选择

---

① 闫志章.语言文化与日语外来语的发展趋势 [J].内蒙古农业大学学报：社会科学版，2006(3)：299-301.

一些模糊性的词汇，或选择多种寓意的句型进行表达，这种语言表达形式以及其体现出的语言文化说明日本人习惯在交际过程中给自己留一些空间。日本人通常会在某些数字或时间后面加上概数词就是因为其语言表达的模糊性特征。

（三）日语语言文化的礼节性

日本人通常在语言交流的过程中具有点头以及附和的习惯。通过点头这样看上去并不明显的习惯，能够对彼此交流形成润滑。这种习惯并非日本人的行为方式表里不一，而是通过这种方式传递自己非常尊重对方的言论，表现出自己的礼节。另外，在交际与沟通时，日本人非常看重对方的面子，为此，在实际交往过程中，日本人将交流与交际的和睦状态放在最重要的地位上。在"婉拒"的表达上，日本人通常会表示是自己的原因造成了无法达到对方希望的程度。

随着文化交流越来越频繁，日语语言文化在发展过程中逐渐形成新的发展趋势及特征，例如，其语言文化的交流性与吸收性。自古以来，日本语言文化发展过程中就体现出明显的交流性，通过对中国以及欧美语言的吸收，不断引进外来语，并将这些外来语转变为自己本土化语言文化，使日语不断发展壮大。

综合上述分析可知，日语语言文化的形成与日本文化有着紧密关系，受到大和民族传统思想影响，日语在语言表达过程中极具暧昧性。同时强烈的内外意识、语言表达的模糊性、礼节性等，都是日语语言的文化特色。现阶段关于日语语言文化的研究越来越多，为深入探索日语语言文化特色及内涵，我们应加强对日语特点及日语使用习惯的研究，以进一步理解日本人的精神构造、社会构造与语言构造。

二、语言翻译和文化翻译

（一）语言的普遍性及可翻译性

语言基本上是可以翻译的。语言是人类认识世界和大脑思维的结果。生活在地球上的人类，之所以能对自然界有一个共同的认识，就是因为人们反映对自然界认识的语言是具有相通的普遍性的。比如，无论是哪种语言都具有"名词"和"动词"(这是人们认识事物的结果)，在组成句子的时候都由"主语"和"谓语"组成 (这是人们在将事物转化成语言时必然将其分为认识对象和认识内容这样两方面的结果)，句子当中的语法范畴都少不了与时间相关的范畴 (这是因为事物都是按照时间的顺序形成和发展的)，等等。所以，尽管各民族的语言在语法结构上会有所不同 (如有的语言是 SVO 结构，有的语言是 SOV 结构)，或者是在表达方式上会有所不同 (如有的语言以话题为中心，有的语言以格为中心)，但基本上都是可以翻译成另一种语言的。

(二) 文化的特殊性及可理解性

文化的翻译就不是那么简单了。或者再说得彻底一点，我们甚至可以说文化基本上是不可翻译的。

首先我们来看一下有形的文化。

寿司——四喜？

说到日本的饮食文化，作为其典型的代表，我们可以举"寿司"为例。恐怕即使是对于使用汉字的中国人来说，当第一次只看到"寿司"两个字的时候，全然不能了解这是一种什么样的食品。如果没有日本人带我们去寿司店，去亲自品尝一下寿司，即使将其内容全部用语言表达出来，如将其翻译成"带鱼肉的米饭团子"，也很难想象出与日本寿司店里的寿司完全一样的食品。况且，像"带鱼肉的米饭团子"这种以一种解释的形式来对其进行说明，已经不能说是一种翻译了。然而，当亲自品尝过寿司以后，我们才能真正地了解什么是寿司。这是在引进外来文化过程中经常遇到的问题。当然，也不是没有人尝试过对这些外来文化的翻译 (前面举过的"可口可乐"便是很成功的例子)。据说在中国，过去就曾有人尝试着将"寿司"翻译成"四喜"。进行这种尝试的人，可能开始还以为"四喜 (sixi)"与"寿司 (susi)"的发音接近，而且字面上又可以解释为"四种欢喜"，大有可以与"可口可乐"一词媲美的味道。然而，殊不知在饮食行业，人们听到"四喜"一词时，与其说是去联想日本的寿司，不如说会更多地联想到中华料理中的"四喜丸子"，两者根本是风马牛不相及。到头来，这一翻译终归没有得到认可。今天我们去日本料理店的时候，还都是沿用日语的汉字，并且大家都称这种食品为"寿司"。这与其说是一种翻译，还不如说就是将其作为一种固有的外来文化，在引进的同时，连名称也一同引进了。

对于无形文化而言，也是一样的道理。比如，针对日本著名俳人芭蕉的那句脍炙人口的俳句，如果我们只是把它简单地翻译成"古池塘，青蛙入水，扑通一声响"，恐怕很难将芭蕉的全部感怀传递给读者。如果想完整地理解这一俳句的全部内容，可能要从俳人的生平到他长途旅行的背景，以及最后他在这一古池边咏诵这一俳句时的心情都要做一个详细的解说。这样一来，那就不是什么翻译了，而是一场关于日本文化的讲座，甚至可以将其写成一本书。

在这里我们必须重申的是，这些固有的文化，尽管其具有特殊性，是很难翻译的（甚至可以说是无法翻译的），但它绝不是不可理解的。任何一个民族的文化，只要它能够得到传承，就说明它是一种伟大的文化，是一种优秀的文化，也必然为其他民族所理解。而人类的文化，也正是在这些众多不同文化的相互碰撞和相互理解的过程当中，才得以发展进步的。

第三节　日语翻译的影响因素

一、紧张情绪对现场口译工作的影响

关于现场口译的类型，主要包括以下几种：一种是商务陪同口译；一种是大会同传；还有一种是大会交传。对比常规的笔译，现场口译对译员提出了严格的要求，这使得这份工作有着较高的挑战性。现场口译的特点涉及多个方面，如即时性、无法预估性以及综合性等。也就是说，现场口译的译员要比笔译译员有着更强的应变能力、专业能力和心理承受能力，这也是现场口译的译员普遍存在心理压力问题的主要原因。

（一）紧张情绪对现场口译产生的影响

就译员来讲，在参与现场口译工作的过程中，不可避免会面临极其严肃的现场氛围，从而导致自身在心理上承受一定的压力，如果译员的心理素质不好则很难胜任这一工作。就同声传译而言，译员一般不会承受严重的心

理压力。究其原因，主要是因为译员基本都在包厢内展开翻译工作，和观众不存在直接的会面。他们一直以来都被当成是幕后的英雄，无须考虑翻译会给他们造成巨大的心理压力。通常来讲，商务陪同口译处于 10～20 人的小型场合中不会感受到明显的压力。但一旦从事规模庞大的会议翻译工作，为不同国家或地区的高层领导人提供翻译服务，与会者的数量必然是成百上千，同时还有各个电视台前来采访的记者，这种场合下必定会导致译员承受巨大的心理压力，对他们的心理素质和应变能力等提出更高的要求。

对于部分人来讲，他们有着与生俱来的表演欲望，越是人多的场合越想要表现自己。但即便如此，面对规模更大的场合或环境，人们难免会产生紧张、焦虑的心理情绪。之前曾浏览过一些译员的工作档案，有一部分译员学的就是翻译专业，且经过非常专业的培训，但只要身处大场面中就会不自觉地产生紧张的情绪，严重的情况下会导致失控，很难继续维持正常的工作，只能由老译员临时替换完成接下来的工作任务。

对于那些会紧张的人来讲，是否不能从事现场口译相关的工作，或是只有经过长期反复的练习和历练才能胜任现场口译工作？这个问题的答案是否定的，试想一下，假设只有满足以上条件才能从事口译工作，那么真正适合现场口译的人屈指可数。同时，站在客户的立场来讲，根本不可能为同一个译员提供上百次的历练机会，无论是资源还是时间都很难满足，且收效甚微。参考一些资料信息发现，中国外交部的某些译员在上学时期经常产生紧张的情绪，看起来好像根本不是做译员的苗子，但最终还是通过一些方法和手段有效克服了紧张的问题，再加上自己的努力和付出成长为一名优秀的翻译人员。由此可见，大多数人在面临大场合时都会产生一定的心理压力，但这并不可怕，可怕的是译员不相信自己有克服心理压力的能力。

我们来讨论这样一个问题，如果译员在翻译工作中出现过度紧张的情况，为什么难以继续进行现场翻译？究其原因，主要是因为人在陷入过度紧张状态以后，人体的血液循环系统会出现明显的迟滞，导致人的大脑出现缺氧等不良反应。一旦大脑缺氧，人的反应速度与平时相比会显著下降，记忆力也在短时间内出现减退，语言功能短期内有所衰退，甚至会对智商造成负面的影响，如智商也暂时降低了。以登山运动员为例，在成功登上山顶以后，受到低气压和氧气稀薄的直接影响，运动员的血液循环系统进入迟滞状态，大脑供血不足，从而出现缺氧等一系列不良反应。由此可见，一名译员身处高压环境下很难维持平和、平静的心态和情绪。就现场口译而言，对译员的耐力和智力都有严格的要求，如果译员出现紧张的情绪，就很难继续维持正常的工作状态。在出现紧张情绪以后，译员无法胜任现场口译工作，不禁提出疑问，如何才能有效帮助译员缓解或克服紧张的情绪呢？这里向大家普及一些生理常识，如果人进入开心或兴奋的状态，那么人体内就会分泌出大量的苯多氨酚，这是一种特殊的化学物质，直接影响着机体的血液循环系统的工作状态，可快速为大脑输血，避免因大脑缺血导致出现一系列的不良反应。要想做到这一点，译员可在参与现场口译工作之前，做一些放松的事，如回想之前某个开心或兴奋的瞬间，让自身保持放松的良好状态，从而在一定程度上缓解紧张情绪。

以上提出的方法对于大多数人都是有效的，但不代表适用于所有人。就部分人来讲，他们在紧张的状态下很难想到令自己开心的事，这点也要考虑在内。也就是说，我们需要针对导致译员现场口译时出现紧张情绪的因素进行研究和讨论，只有明确具体的原因才能提出针对性的解决方案。

(二) 出现紧张情绪的原因

通常来讲，导致译员在口译时出现紧张情绪的原因有很多，可总结为三个方面：①译员的心态不好；②译员对自身的角色定位并不合适；③译员自身不够自信。

1. 译员的心态

对于中国译员来讲，大多数都存在心态上的问题。究其原因，主要是因为中国译员深受应试教育的影响，受限于严格的教育体制导致译员会自然而然地把翻译工作当成是一种特殊形式的考试，从而加剧自我的心理压力。我们可以试想一下，假设现场口译就是一场重要的考试，台下坐着数不清的考官，光想一下都觉得可怕，出现紧张的情绪也是在所难免的。作为译员，需要在日常工作和生活中培养出一颗平常心，把口译视为常规的工作，在工作中保持专注即可，不要去想其他的问题。

2. 角色问题

作为参与现场口译的译员，应该明确自身的角色定位。就口译工作而言，现场参与者是固定的，除了译员和讲者以外，剩下的就是听众。站在译员的立场来讲，需要意识到自己不是即将上考场的学生，而是一个连接讲者和听者之间关系的协调者，发挥着不可或缺的媒介和桥梁的作用，假设得不到译员的帮助，听者和讲者之间就形成了隔绝的关系，很难就思想和意见等达成统一。作为译者，需要意识到自己和讲者之间的搭档关系，并非剑拔弩张的竞争对手，两者是有着共同目标的合作者。部分讲者在讲话的过程中如果过于投入，可能会出现语速过快的情况，或是讲话间隔时间过长。在这种情况下，译员可以和讲者进行适当的沟通和交流，按照讲者所表达的话语来对其核心的思想和内容进行翻译。对于译员来讲，听众不是自己的考官，而是信息的接受者，译员根本没有必要关注听众的表情或行为，这些和自己的翻译工作没有实质性的关联。与此同时，听众和译员之间并非敌对的关系，在某些情况下听众会根据自身的理解和认知来对译员的错误进行提出和纠正，这也是可以理解和接受的。译员从事的就是这样的工作，如果确实是自己的错误，就应该坦然接受，并真诚地向听众道歉，要有宽阔的胸襟，不要只考虑面子问题。

3. 自信问题

一些译员刚步入口译这一行业，经常会出现不自信的情况。大多数见习译员都认为自己在口译经验方面有所缺失，很难树立强大的自信心，怕自己无法在工作中表现出色。这里应该了解的是，哪怕是一些经验丰富的老译员，也存在知识和专业的薄弱之处，并非在方方面面都表现突出，也有自己不曾涉及的领域和行业。就口译工作而言，他们和不同的行业领域有着密切的关联，涉及的知识面是非常宽泛的，真正博览群书的人虽然有，但不多。此外，口译工作是一项在实践中不断学习、持续进步的工作，没有人能与生俱来就站在行业的顶端。因此，作为一名见习译员，应该保持良好的心态和一定的自信来开展工作。假设译员认为自身的积累相对缺乏，可在实践中不断学习，在工作中历练，先天的不足可以通过后天的努力来弥补。举例来说，译员可以在会前搜集查阅与翻译工作相关的资料信息，和讲者进行深入的交流和沟通，对会场的环境提前适应等，从而在会前就树立自信心，为后续口译工作的有序开展做好充分的准备。

二、词汇对日语翻译的影响

语言翻译并非单纯的字和词的对应，需要表达相同的意思和含义，否则会导致听者和讲者之间的信息不对称。

日本著名翻译学者今富正已指出，翻译是一项十分复杂且具有挑战性的工作，中日翻译亦是如此。我们会从词汇出发来对翻译的过程、内容和特征进行分析，从而真正了解翻译。

现代汉语和日语在某些词汇上有一定的相通之处，一些从汉语中演化而来，一些则是对日语词汇的延伸和扩展。中日之间的文化交流逐渐变得更加频繁，新的词汇的出现也是必然的趋势。随着新词语的引进和使用，之前的词义会受到影响而出现变化。以"勉强"为例，其在汉语中的解释是在能力缺失的情况下被动从事一些事情或发生一些主观上不情愿的行为，但在日语中，"勉强"所表达的是"学习"的意思。以"娘"为例，汉语中的"娘"是母亲的别称；而日语中的"娘"指的是少女。类似的例子非常多，在翻译时应该考虑这一问题，不能把二者放在对等的层面，否则就会出现误译的情况。

汉语和日语之间在某些方面是相似的，如写法。中日同形词在汉语和日语中比较常见，可归纳为三类：①无论是词义还是用法都没有区别的同形词；②无论是词义还是用法都不一样的同形词；③词义相同或用法不同的同形词。

1. 词义、用法相同的同形词

如果同形词的词义、用法没有区别，可在日语翻译时直接使用，但某些情况下可能不太实用，会出现歧义。以"大型"为例，汉语和日语中的意思是相同的，都描述的是"形状或规模大的"。汉语中会用到"大型文艺晚会"这一短语，其中的"大型"在翻译成日语以后表述为"盛大"，并未选择"大型"这一词。也就是说，如果同义词的词义用法没有区别，在某些情况下也不能直接用来翻译。

汉语中有着明确的上位概念和下位概念，这点在日语中被整合为同一个词，这些问题都要在翻译的过程中引起译者的关注和重视。

2. 词义、用法完全不同的同形词

这种类型的词汇在字形上没有区别，不过所表达的意义是不同的。以汉语中的"先生"为例，它是一种对男士的尊称，在日语中描述的则是教师。

3. 词义、用法部分相似的同形词

这种类型的词汇可划分为三种类型：

第一类：词义、用法有一定的相似之处但其他完全不同。

第二类：词义、用法有一定的相似之处但汉语意义更加广泛。

第三类：词义、用法有一定的相似之处但日语意义更加广泛。

由此可见，日语翻译受到词汇的影响导致的误译是普遍存在的，重点涉及三种情况。首先，中日同形词会导致日语翻译出现误译，同形词用错以后所要表达的意思会出现明显的差异；其次，汉语中部分特色词汇也存在误译的情况，这类汉语词汇在翻译时如果无法翻译成正宗的日语，应表达内在隐藏的信息，不然会引起歧义；最后，专有名词和固有名词等也会出现误译的现象。在翻译人名、地名等专用名词和固有名词时，译员需确保翻译的准确性，否则会引起误会和麻烦。

三、语法对日语翻译的影响

(一) 中式日语

中式日语指的是依据中国人的语言习惯来翻译日语。基于语法来讲，中式日语并不存在语法方面的错误，在表述上也没有特别严重的问题，但翻译过来的译文很不地道。

日语口译和笔译是两个不同的领域，但涉及的大部分知识没有区别，也经常会出现中式日语等错误。在生活和学习中人们会依据固有的思维模式和定式把常用的中文翻译成日语，即便日本人可以大致了解其中的意思，但还是非常别扭。

要想掌握地道的日语，我们应该在学习和生活中养成多听多记的习惯，不能知其然而不知其所以然。针对一些日常使用的惯用词，我们应该达到熟练运用和掌握的效果。

（二）日语敬语的误译

大多数中国人都很难真正掌握日语敬语的使用方法，在翻译的过程中很容易发生表达上的错误，被误认为是不礼貌的行为。

（三）日语助词、句型等的误译

日语的语法非常复杂，导致日语翻译经常出现错误。怎样选择正确的用词和合适的句型是日语翻译的关键，也是译员需具备的能力。

日语语法书一般会把助词前置，突出助词在日语语法中的作用和意义，和汉语的句式结构有所不同。

在翻译时译员应注意助词的使用，避免对句意造成影响。

日语助词关联性强，可描述不同词语之间微妙的差别。在翻译时应注意助词的使用方法，在某些语句中可适当替换，但也会经常导致翻译出错。

日语中的同一个句型可用于表达不同的意思，假设同时用到相同意思的两个句型，需要做好选择。只要对句型、助词的使用方法和注意问题有准确的认知，在翻译的过程中就不会出现词不达意的情况，我们应重视日常的积累和总结。

综上所述，翻译错误在日语翻译中比较常见，有各种不同类型和形式的翻译错误，这里选择三个具有代表性的语法错误来论述分析。首先，中国人长期以来有着汉语语法的习惯，汉语对中国翻译人员的思维造成直观的影响，使得翻译后的日语不太地道，造成歧义；其次，日语的敬语不存在固定的规律，除了死记硬背没有更好的方法；最后，根据助词、句型等例句进行对比和分析，掌握助词和句型的正确使用方法，这些都应该得到译者的关注和重视。

第四节　日语翻译中的加译技巧

一、日语翻译中的结构性加译

结构性加译在日语翻译中比较常见，如果不这样做会导致译文不通顺。

汉语和日语的语言结构是不同的，只能通过加译来进行补充，起到一定的辅助作用。这里从以下四个方面来论述结构性加译的使用方法和注意事项。

(一) 人称代词的加译

在某些情况下可直接忽视日语中的人称代词，只要不影响日语的语法使用和常规的表达习惯即可。在翻译的过程中，为防止出现句意误解需正确使用人称代词。

1. 敬语句

日语敬语有三类，一是尊敬语，二是敬重语，还有一种是谦逊语。敬语表达的方式一般不会发生变化，可用于了解具体的人际关系，不需要添加人称代词。

反映授受关系常用补助动词，补助动词可帮助我们了解日语语句中的复杂关系。在翻译为汉语的过程中，译者应利用人称代词来指明和突出关系，否则会让人不明白讲话者究竟在说什么。

2. 以第一人称为视角的叙述句

就此种类型的叙述句来讲，日语中不会使用第一人称代词。根据中文的日常表达习惯来说，译员会添加具体的主体，即翻译出相应的人称代词，否则会导致句意不顺，让人摸不着头脑。

除以上例子之外，日语中还有一些句子在翻译时也会去掉人称代词，如寒暄句、愿望句等。

(二) 数量词的加译

数量词可概述为"一＋量词"的词汇，在语言表达时不仅要注明场合，还要去掉数量词。而中文在这一方面恰恰相反，否则会影响句子的结构平衡。日文中的单数表示不会使用数词"一"，而中文则普遍使用数量词。

(三) 动词的加译

省略动词的情况在日语中普遍存在，不会对具体的表达效果造成直观的影响。中文的句子结构是固定的，即主谓宾，如果缺少谓语动词句子结构就不成立。在翻译时，译者应着重强调这一点。

（四）原文省略部分的加译

日语中会省略一些在前面曾经出现的内容，句子的成分相对简单。在翻译成中文的过程中为确保句意不受影响，需要结合语境来重新表达之前省略的内容。

二、日语翻译中的逻辑性加译

逻辑性加译可避免日语翻译时出现前言不搭后语的情况，在句子或段落中间设置一些逻辑性较强的词语。这里围绕指示词的加译和连词的加译来展开论述和分析。

（一）指示词的加译

指示词起到一定的代指功能，可简化句子结构。在翻译定语较长的日语句子的过程中，指示词经常出现，可整理归置句子内的各种关系。指示词可表达强调、突出的意思。

（二）连词的加译

连词起到一定的连接作用。连词可表现各种复杂的关系，如并列、假设或对比等，它能确保句子上下之间的过渡，呈现清晰的条理结构。

日语在某种情况下可以表达连词的逻辑关系，不过在翻译的过程中不能缺少连词，否则会导致句式结构混乱。翻译时根据上下文的意思来对句子内在的关系进行分析，需添加相应的连词。

总的来讲，连词在"合译"时也会使用，用于呈现上下句子内在的关系。此外，连词还用在上下文的连接处，是保证行文流畅自然的手段之一，给读者呈现逻辑分明的文章结构。

三、日语翻译中的说明性加译及修饰性加译

（一）说明性加译

在日译汉时，通过直译在某些情况下无法呈现真实的含义和信息，此

时可适当添加一些说明性的词句，起到补充和说明的作用，让读者更容易理解句子或文章的含义。

(二) 修饰性加译

修饰性加译旨在修饰部分特殊的词汇，可丰富词汇的色彩。修饰性加译不能背离作者的原意，只是为了提高原文的审美水平，运用不当会影响句子的美感。此外，汉语中会利用偏正短语来完成对句子的修饰性加译。偏正短语能够发挥修饰的作用和功能，一般包括修饰语和中心语等要素，通常来讲，将修饰语前置，把中心语后置。就述补短语而言，可起到一定的补充作用，包括中心语和补语等要素，中心语前置的同时补语后置。动词或形容词是中心语的首选，而补语则会选用形容词或副词，来对中心语的结果或状态等进行说明和解释。

第四章　日语翻译教学理论

第一节　日语翻译教学中的语块理论

翻译是极其重要的语言能力，也是衡量学生语言应用能力的主要参考依据，但目前在日语翻译教学中始终缺少科学的理论指导，并没有系统化的教学方式指导，因而导致日语翻译教学效果不理想。语块理论作为语言学习的一种理论，能够凭借自身有效指导日语翻译教学，能够为其教学改革指明正确方向，可以有效提高教学效果和质量。

一、语块理论的基本内涵

过去的语言观念单纯地认为语言是词汇化的一种语法，也就是将语言看成是词汇利用相应的语法规则而形成的。近年来，随着语言学以及心理学的飞速发展，许多专家学者开始意识到语言产出并不是一个受限于语法规则的过程，而是从记忆中提炼短句单位的过程。这些具有语法和词汇特点的固定或半固定语言结构模式保存在大脑中，在运用时不需要语法生成和研究，可以直接进行提取，它们形成了语言当中最基础的语言单位，也就是所谓的语块。

二、语块教学法的优势

语块教学法能被广泛应用到语言教学中必然有其不可替代的优势，下面具体分析语块教学法的三大主要教学优势。

(一) 语块教学法符合认知基本规律，有利于语言的记忆和储存

如果只是单纯地记忆单词和语法，那么即使掌握了大量的词汇，也很难融会贯通、灵活运用，因此许多学习日语的大学生既无法使用日语交际也

无法写成日语文章。但是，语块将语义、语法和语境完美结合，形成一条有联系的信息，使得词汇结构内部能够相互影响和制约，只要记住其中一部分，通过语境联系就能够帮助回忆起另外一部分内容。所以比起传统的脱离语境的日语教学法，语块教学法更加有利于词汇的记忆和储存。

(二) 语块教学法有利于提高语言输出的准确性、流利性和地道性

首先在口语交际方面，由于语块在常用语言中占据着很大的比例，如果在平时的日语学习中，学生们能够自觉将学过的语块积累下来，那么在日语口语运用时，就能够使临时匹配组合单词的时间大大减少，只需要将平时记忆和积累的语块稍微加工之后就可以直接拿来运用，这就能够使日语学习者流利自然地表达自己的观点和思想，提高语言输出的准确性、流利性和地道性。

其次，在书面表达方面，日语课本上的文章在选择上有着广泛的题材和多样的体裁，能够给予学生许多常用的或者典型的、可套用的句子结构框架、文体语体样本以及用法不同的语块形式和种类。只要教师在教学过程中注意帮助学生积累和掌握更多的语块，就能够使学生在书面表达方面准确迅速地提取记忆中的可用语块，进行直接运用和输出，更快地组织出一篇内容充实、语言流畅、语义连贯、观点鲜明的日语文章，而不是像当下许多学生笔下的"中式日语作文"一般，几乎就是将中文意思直接在字面上翻译成日语，这样不仅单词重复率极高、语法错误极多、语义啰唆、枯燥无味，而且整篇文章都言中无物，无法正确表达作者的思想观点。

(三) 语块教学法有利于提高学生的阅读和听写能力

阅读和听写能力差是我国日语学习者普遍面临的问题。首先在日语阅读方面，由于阅读是一个从众多文字语句中提炼有用信息的过程，如果只是按照一般的教学方法来进行日语阅读，就要从语法、语义、语境等各个方面来分析长难句，这就会使得学生的阅读速度和效率大大降低；如果学生已经积累和掌握了大量的语块，就可以忽视单词和语法，直接将整个语块的语义提炼出来，从而提高学生的阅读水平。

其次在日语听力方面，学生如果无法及时将自己的理解速度与听力语

速相匹配，就会导致正在对刚刚听到的句子进行语义揣摩时，下一句还没有听清楚就已经过去了，这样的恶性循环就使得学生越听越着急，最后整段内容一句有效信息也没有提取出来，因此，即使是认识的单词和语句也无法理解其意。如果学生能够积累和掌握大量语块，并且以语音的形式存储在自己的脑海中，就能够以整体的形式对日语听力中占据绝对数量的半固定表达和固定表达的语义进行提取，节省认识和处理信息的时间，将更多的时间用于分析短语、句子和段落之间的关系，从而迅速快捷地理解所听整段听力的内容，掌握有效信息，提高听力水平。

三、语块教学法对日语翻译教学的影响和作用

（一）语块理论概述

语块理论出现于 20 世纪 70 年代，最初是由美国心理学家提出来的，属于一个心理学的专业术语。心理学家认为，词是最小的语言单位，但是人们在日常的交际中会在大脑里将单个的信息进行加工，形成更大的信息单位，这个过程被称为"组块"。后来语块理论受到更加广泛领域的关注，并且被其他的学科接受。

（二）语块教学法研究的必要性

日语翻译教学是检验学生日语语言能力的一项重要的参考标准，同时也是日语教学活动中重要的一个环节。通过翻译教学，能够培养学生的阅读和翻译技巧，提高学生的日语综合能力，更好地完成日语教学任务。然而，在传统教学模式下日语翻译教学活动仍存在诸多的问题。翻译教学是日语教学活动中不可或缺的一环，翻译教学能够培养学生良好的阅读能力，是学生需要掌握的技能之一。然而，在现在的日语教学活动中，传统的教学模式仍然占据着主流地位，严重阻碍了学生的学习积极性和个性发展，影响了日语教学的效果和效率，因此加强对语块教学法的研究具有重要的意义。

（三）语块理论应用于日语翻译的必要性

语块理论出现后很快就在日语教学中得到应用，发展成为语块教学法，

并取得了良好的教学效果。语块教学法认为语言是语法化的词汇，是利用语法的标准和规范对词汇进行编码，形成新的语块用来传递信息。

语块教学法认为，在以往的日语翻译教学中，片面地注重语法的教授，限制了交际活动中的语言词汇量，对学习者的翻译和交际水平产生了不利的影响。在日语教学中，语块教学法的重点应是培养学生进行词汇组合的能力，而不是传统的重视语法的教学。一方面是学生的基础知识薄弱。众所周知，日语翻译的涵盖面是非常广泛的，包括科技、经济、历史、技术等领域，并且与实际切合得比较紧密，这就要求学生具有良好的单词储备量和扎实的日语阅读基础。然而学生普遍单词储备量不够，在做题的过程中过分地依赖于工具书，不懂得联系上下文来确定词义，更不必谈解题了。他们是因为在语言方面基本功的欠缺导致在进行翻译词句的过程中，忽视了中外文化之间的差异，造成阅读的障碍，也影响到解题的正确率。此外，还应当注意的是，在日语翻译学习中，大多数学生采用边读边译的方法，这样既降低了做题的速度和效率，又影响了自身语感的培养。另一方面是读不快。大多数学生缺乏在篇幅较长的阅读材料中进行翻译、提炼信息的能力，因为没有足够的单词词汇量储备，所以无法组成固定模式的词汇进行翻译，解题和翻译的能力较差，大多数学生反映在日语考试中常常出现时间太紧、题目没有做完的情况，造成日语阅读的得分率不高。另外还有就是翻译难，主要表现在日语听力阅读翻译方面，当学生在辨别单词时，只会一个一个单词听，再逐个翻译，无法做到把单个的词语连起来，降低了听力翻译的速度。还有就是在句子或者段落的翻译过程中，很多学生是按照中文的意思一个个翻译，最后再连接起来，导致出现语句不通顺或者是语法错误等问题，难以保证答题的正确性。

(四) 语块教学法应用于日语翻译教学的可行性

1. 语块教学法符合学生的学习和认知心理

教师在进行日语翻译教学中，给学生提供结构稳定的、具有固定模式的语块材料，能够让学生很容易接受和掌握。模块具有稳定的结构，在翻译学习中具有提示的作用。学生在学习的过程中可以根据模块的结构进行分析，知道前半部分的意思，就能很容易推算出后一部分的内容，进而完整准确地翻译出整个句子。同时，在文章中起到连接作用的词语，能够帮助学生在翻译过程中通过联系上下文，很容易就找到翻译的突破点，理解整个句子的意思。通过语块教学法能够帮助学生树立信心，提高学生学习日语的兴趣和能力。语块教学法中各个词语都具有整体性，学生在学习的过程中可以快速把握整个语段的意思，进行快速翻译，同时进行储存，增加学生的词汇量积累。另外，语块教学法在特殊的情况下有重要的作用。例如，在语段翻译和听力翻译中，存在弱读、连读的情况，此时如果没有存储特殊的词汇，或者是在翻译时没有利用语块教学法，就会阻碍学生的翻译速度，降低解题的正确率，制约学生在日语翻译教学中的课堂学习效果。

2. 符合学习者语言学习的规律

传统的母语学习是一个循序渐进的过程，学习者在学习的过程中对获得的信息不进行甄别，完全性地接收，并进行模仿和运用，形成自己的语言，在成长的过程中再根据语法的规则进行语法顺序和使用错误的改正，从而对学到的语言进行巩固，形成正确的语言系统。但是在传统的日语翻译教学中，教师往往忽视了语言学习的规律，片面地注重语法和逻辑思维的讲授，忽视了对语块词汇的整体记忆，造成语言学习过程的颠倒。这从根本上制约了学生学习日语的乐趣和积极性，导致日语翻译教学效果偏低。教师在进行日语翻译教学活动中，要遵循语言学习的客观规律，将语法教学和语块词汇教学协调发展，充分利用语块的整体性，增强学生的语块储备量，将语块组织化、系统化，促进日语教学效果的提高。

3. 方便学习者的语言学习，加强翻译的能力

语块具有容纳语境、语义和语法的功能。东西方文化之间存在很大的差异，因此在语块的运用上也受到语境的限制。因为文化不同，所以一个语块在不同的语境中的意思也是不同的，在翻译中要特别注意语境。教师在进行日语翻译教学活动中，要特别注意语块的语境，保证语块意思的正确性和准确性，以便符合相应语言国家的习惯和文化。另外，因为语块具有稳定的框架结构，因此在语块的使用过程中可以根据内容随意地添加内容。

（1）帮助学生增加日语词汇储备量。

将语块教学法应用到日语翻译教学中，能够利用语块的稳定性和连接性，帮助学生降低翻译过程中词汇的难度，有利于学生顺利理解和把握整个

句子的意思进行日语的翻译。在日语教学中，通过段落的讲解和翻译，能够增加学生的语块词汇量，培养学生的语块意识。传统的教学模式打破了单词之间的联系，不利于学生的理解和记忆，翻译的效率不高。在教学中利用语块教学法能够帮助学生在语段中辨认语块，在翻译中锻炼学生记忆、理解和运用语块的能力，培养和加强学生的语块学习意识，增强学生的学习兴趣和课堂氛围，引导学生主动地归纳和整理语块，增加学生的语块词汇量，提高学生的日语翻译能力，提高日语翻译教学的效果。

（2）提高词汇学习的效率，增强日语翻译的能力。

目前，大多数学生在进行词汇的记忆时，都是采用死记硬背的记忆方式，记忆的效率较低，既浪费了时间，又使学生很难真正了解词汇的意思，在翻译句子时仍然存在较大的问题。针对此种情况，教师在教学过程中应当使用语块教学法，将文章中难理解、难翻译的词汇放到句子中，联系上下文进行解释，帮助学生更好地理解和掌握词汇。在日语教学翻译中运用语块教学法，能够提高词汇学习的效率，提高日语翻译的正确性。

（3）提高学生段落翻译的能力。

在日语翻译中，经常出现整段的翻译，但是学生因词汇储备不够，所以翻译的语义不通顺，翻译经常出现问题。教师在日语翻译教学中应运用语块教学法，引导学生将注意力集中到语块上，丰富学生的语块知识。同时教师可以利用文章帮助学生进行语块的整理和归纳，通过练习帮助学生训练和提高日语翻译的能力，做好日语词汇的积累工作。

在日语翻译教学活动中，教师利用语块教学法，能够提高学生的词汇储备量和词汇的学习效率，培养和增强学生的语块意识，提高学生的翻译能力，促进日语翻译教学效果和质量的提高。

四、日语翻译教学中语块理论的应用路径

（一）引导学生树立语块思想

虽然日语语块数量较多，并且随处可见，是学生语言发展过程中源源不断的动力，但在听力和阅读语言输入当中，学生通常只停留在理解含义即可，这样的思想致使他们对语块缺少意识，严重忽视了语块的重要性。缺少

语块意识，就无法重视语块，不能快速识别语块和掌握语块。学生在语块学习中，习惯性地解构语块，将其视为一个单独的词汇，却并未注意语块形式的综合性以及规范性，进而影响语块学习效果。在以往的日语翻译教学中，学生普遍认为只要懂得了日语语法和简单的翻译方法即可，只要积累足够多的词汇便能进行日语翻译。因而，大部分学生只是将背诵单词和掌握翻译方法作为翻译学习的主要任务，但在日语翻译实践中依旧不能正确地使用恰当的词汇进行翻译，其中的根本原因之一便是对语块的忽视。基于此，教师应在日语翻译教学的初级阶段，就积极引导学生在掌握翻译技巧的同时，将学习的重点逐渐向语块学习和积累方向转移。教师应首先加强广大学生的语块意识，向他们详细阐释语块在日语翻译学习中的重要作用，并具体说明语块的含义和种类，帮助学生更好地树立语块意识，将语块作为重要的语言输入形式，有针对性地培养学生对语块的敏感度，最大限度地激发他们对语块学习的热情，逐渐提高学生语块分辨能力，为日语翻译应用语块奠定良好的基础。

(二) 帮助学生积累更多语块

日语翻译过程中，语块教学工作至关重要，在实际教学过程中，教师应高度重视语块教学，不仅要详细讲解日语翻译方法和技巧，还要挑选语句、段落和文章具体案例中的语块，特别是学生们经常容易忽视的语块，对这些语块进行总结整理。然后再运用相关实际案例，让学生自主挑选出资料中的语块，培养他们的语块辨别能力。教师应要求学生自主创建个人语块库，将学习资料当中所出现的有关语块纳入个人语块库当中，将其作为学习的重要参考资料。教师可以针对各种日语资料包含的词汇、短句，依据文化、旅游等各种题材，要求学生按照类别搜集整理常用语块，逐渐构建起个人的日语语块知识体系。或是按照结构语块、固定语块、作用语块以及弹性语块等种类加以分类，让语块的训练变得更加系统，条理更加清晰，这种按照不同类别积累学习语块，有利于加深学生记忆，同时也有助于日后检索提炼语块。

语块的积累和消化的必经之路是需要广大学生经常进行语言输入，教师既要要求学生在学习过程中注意积累语块，同时还要在课余阅读以及听力训练当中深入理解与拓展语块情景含义，获得更多语块知识。学生课外学习的有效途径是定期背诵经典日语散文，这样能够积累更多语块，并且逐渐总结出语块结构和形成的基本规律，培养学生对语块运用和语言环境匹配的敏感度，深切感受目标语言表达的地道性。学生在语块学习中，虽然不需要探究语块结构，但却要掌握语块的内涵和使用语境，这样能够防止语言产出过程中出现语用错误。

一般情况下，学生随意接触的语块并无法确保一定可以真正掌握语块，而得到语块的另外一种有效路径是针对性学习，就是有目的地记忆、背诵各种语块。随着学习的日益深入，学生积累的语块越来越多。根据对书面语块库的加强记忆，自然会让学生所学语块逐渐内化成内心语块，进而构成翻译者的心理语块体系。语块学习通常是在交际以外发生的，经常需要不断地朗读和背诵，而通过对学生进行的有关实践探究表明，通过离线朗读背诵等方式，能够更好地帮助学生注意和运用所学语块。

(三) 促使学生积极运用语块

日语翻译的过程，实际上就是按照原文的基本意思，根据翻译文的具体语言环境、交际主体等相关因素，选择最合适的日语语块和词汇，然后将他们有效连接在一起的过程。日语翻译教师应遵从这样的思想，即语块能力是语言技能的主要标志，有效提高广大学生的语块能力的关键就是要增强他们的日语翻译能力。日语翻译教学当中应以语块为主要的翻译单位，强化产出性日语翻译实践训练教学，以此来有效提升学生们的产出能力，促进日语翻译教学创新发展。翻译文章的产生不是单纯依据语法将单独的词汇串联在一起的过程中，而好似将语块科学合理地整合到一起，构成流畅的、符合交际场合的语篇语言。首先，按照教学实际需求，组织机械化的语言交互活动，每周定期的翻译实训应规定学生运用所提供的语块去翻译具体的语句和段落，进而检测他们知识内化吸收的真实效果。其次，开展半自由化的翻译实训，教师可先向学生提供具体专题平行短文资料，要求学生归类、保存、剔除资料中包含的语块，再向学生提供相同主题的翻译练习，要求他们在充分使用平行资料语块的过程中，创新性地应用资料形成译文。紧接着，教师再安排自由翻译训练，这时学生已经可以自己灵活使用前期所积累的语块来翻译相应的文章。在这样的翻译教学当中，教师应引导学生区分相关语块结构当中固定存在部分以及灵活变动部分，鼓励他们创新性地运用语块当中灵活变动的部分进行造句，告知学生某些语块结构不仅有一定的局限性，同时也存在较大的弹性，其中空缺部分可进行自主替换，因此语块才具备一定的生成性，这些语块当中的空缺部分以及可变动部分正是创新性应用语言的潜在空间。

同时，在对学生的日语翻译训练加以评价时，语块应用的数量与合理性应成为评价的重点，需要时可对具体语块进行拓展、延伸以及比较，进而更好地帮助学生提升他们的语块运用能力。同时，教师还可给出训练的参考翻译文章，指出译文中较为地道的语块，对比了解翻译文章和学生练习过程中语块使用的优势和不足。日语翻译考试中，语块的使用也可作为评分的重要参考，卷面中的组合短句翻译可涉及教师教学、翻译材料以及日常训练中经常出现的语块，而在段落文章翻译中教师应积极鼓励学生创新性地使用个人所学的语块。

语块理论为日语翻译教学提供了科学有效的模式，对翻译当中语言信息处理有着至关重要的作用，能够切实提高广大学生对原文的理解能力，强化译文的精准性和地道性。同时对日语翻译中目的语的有效产出同样具有重要作用，可以有效提高广大学生的交际能力和语言表达能力，从语言内部解决了诸多教学困难。

第二节　日语翻译教学中的语用学理论

一、语用学理论概述

(一) 语用学的兴起和发展

语用学是一门新兴学科，专注于语言应用及规律的研究与探索。20 世纪 30 年代，美国学者莫里斯在研究中首次引入这一概念，用于对符号学组成结构的划分与表述。莫里斯提出的理论和语言学界有着许多的相似之处，该理论逐渐延伸到语言学界，最终出现三个分支，一是语法学，二是语用学，三是语义学。1977 年，荷兰的《语用学杂志》正式创刊，预示着语用学发展为一门系统的学科。在语用学理论广泛应用与发展的同时，国内外的专家和学者们逐渐尝试对这一理论在其他领域的应用展开研究与探索，为该学科的持续发展做出巨大贡献。

就语用学而言，其研究范围相对广泛，为语用学的研究与发展提供了丰富的素材和资源。语用学的研究内容持续延伸，研究层次更加多元。1967年，保尔·格赖斯（Herbert Paul Grice）在研究中引入会话的合作原则，为该理论的完善与发展奠定基础。1983年，英国语言学家利奇在前人研究成果的基础上引出礼貌原则和次准则等新的原则，对后续研究影响深刻。

1986年，斯帕波和威尔森在研究认知理论时引出关联认知原则。1991年，列文森在语用学研究领域构建了更加系统的格赖斯语用机制，对话语的含义进行重新界定，规划了语用原则的范围和标准。在语用学研究与发展不断深入的过程中，国内外的专家学者们先后参与这一领域的研究。在研究初期，学者们主要选择外语界作为语用学理论应用的环境领域，后来逐渐延伸到汉语语用学领域。无论是研究内容的丰富，还是研究层次的深入，都为语用学的完善与成熟做出巨大贡献，具有重要的研究意义。

(二) 语用学的定义

语用学是一门近些年来才出现的学科，对语言的理解和使用展开了深入的研究，通过语境和语言的搭配使用来研究更好的语言技巧和方法。语用学研究与常规的语法研究有着明显的差别，其在强调语句含义研究的同时还关注语句的内涵，通过不同语境和文化背景的交互来对语言交际的意义和价值进行挖掘与利用。

语用教学对语用知识和理论进行了充分的运用，作为研究相关课题的指导和理论依据，通过语言知识与不同语境的搭配来提高语言学习的效率。

二、语用学理论在日语翻译教学中的应用

语用学最早见于美国哲学家莫里斯的《符号理论基础》中对符号学的三分法，即把符号学分为符号关系学、语义学、语用学。语用学主要研究语言的使用与语言使用者的关系。如今，语用学逐渐与其他学科如翻译学、应用语言学等相互渗透。当前翻译界将如何处理翻译中的语用学问题称之为"语

用翻译"，它同语义翻译相对应，成为翻译理论中的一个新模式。

在日语翻译教学过程中我们认识到语用学所重视的语境、言语行为理论、关联理论等对学生正确翻译原文很有帮助，培养学生的语用意识对翻译教学至关重要。笔者将以语用学的理论为指导，从语境、言语行为理论、关联理论三个方面结合实例分析语用学理论在日语翻译教学中是如何运用的，并深入探讨文化意象翻译时的相关翻译策略，并在此基础之上，针对语用学理论在日语翻译教学中的应用提出建议。

（一）语境与翻译

语境指语言使用的环境或语言交际的环境。在言语交际中，语境对话语意义的恰当表达和准确理解起着重要作用。

语境在所有翻译中都是最重要的因素，其重要性大于任何法规、任何理论以及任何基本词义。在语用翻译过程中，我们应该充分考虑语境因素，并通过找到语境的关联来进行演绎推理，以准确并如实地再现原文的风格、信息等。只有正确地理解话语的语言语境因素和非语言语境因素，在翻译中才能认识、把握原语的意图，从而实现目的语话语表义的准确性。翻译无论以何种方式呈现，语言、情境、文化等各种语境因素都不可避免地影响着翻译内容的准确性。

语境在翻译过程中起着不可估量的作用。译者必须考虑语境中的诸多语用因素，对人们词语的使用能力做出合理的分析，有效地将原文所表达的各种意图翻译出来。

（二）言语行为理论与翻译

奥斯丁（Austin）的言语行为理论首次将语言研究从传统的句法研究层面分离开来，强调从语言实际的角度来分析语言的真正含义。

言语交际中的间接言语行为在缺乏语境的情况下，是很难理解的。这是因为同一个句子在不同语境下，可以用来表示不同的言语行为，并且汉日两种语言的同一句式所表达的言语行为也是不一样的。例如，在日语中否定疑问句常常被用来表示"建议""邀请"等言语行为。这种间接言语行为发生时话语的字面意义隐含另一种意义。面对这样的话语，译者就必须充分利用语境来理解此话语，判断说话人的真正意图，并且把该话语间接表达的真正言语行为在译文中表达出来，从而实现译文的语用语言功效。在翻译时，译者只需根据原文的字面意义翻译出来，因为目的语读者或听者也可以根据语境，推导出说话者的"拒绝"言语行为。在日语中表示邀请时，直接询问对方的欲求被认为是不礼貌的行为，这就要求我们在翻译时应认真研究原文的暗含用意，力求使译文真实表达出作者的真正意图。日本人称赞他人，特别是下级对上级表达称赞之意时，往往采用"受到恩惠"和"表示感谢"等形式。这是因为在日语中语言形式的"礼貌"不等同于语用意义上的"礼貌"，有些场合即使语言形式使用了敬语等礼貌的表达形式，但因为会给听者造成不快而变成不自然的日语表达形式。

汉日两种语言在言语行为方面存在诸多差异，但是由于学习日语的时间尚短，很多学生体会不出来。作为教师有必要把这种言语行为的语用差异通过举例的方式明确告诉给学生，提醒他们在翻译的时候加以注意，避免受汉语母语的影响而导致语用失误。

(三) 关联理论与翻译

以下将从关联理论的视角出发，探讨在日语翻译教学中将如何教授给学生一些翻译策略，从而最大限度地避免或者补偿文化意象翻译中可能出现的文化亏损现象。

1. 直接翻译

直接翻译指在译文中保留原语形象的翻译方法。如果能够在原文和译文的认知语境中找到相同或相似的文化意象，译者便可以采用直接翻译法。中国有很多古典书籍传到了日本，日本人对古汉语中典故的接受程度较高，两国读者的认知语境中具有相同的语境假设，译者采用直接翻译的策略便可以传达出作者的信息意图和交际意图。

2. 直接翻译添加注释

译者看到原文中出现一些阅读的难点时，为便于读者理解译文，可以在直接翻译的基础上，采用添加注释的翻译方法。

3. 直接翻译加修饰语

同一文化意象在汉日认知语境中可能出现文化错位现象时，译者可以采用直接翻译增加修饰语的翻译方法，以使作者的意图和译文读者的理解相吻合。

4.直接翻译增加隐含意义

译者可以凭借其他的百科知识，在译文中增加译文读者不熟悉的文化意象的隐含意义。

5.音译

采用音译的翻译策略传达文化意象时，我们有必要提醒学生注意它的可接受性。否则，译者需要给音译加上适当的注释，以便译文读者接受。

6.直接翻译和间接翻译的合用

遇到典故，译者感到仅靠直接翻译不能传达作者的意图时，可以综合使用直接翻译和间接翻译两种方法，直接翻译可以传达作者的信息意图，间接翻译可以传达作者的交际意图。如果对"举人"一词直接翻译的话，日本读者可能难以理解，因为在日语读者的认知语境中没有这样的文化意象。间接翻译法增加了相关信息，弥补了仅靠直译作者的信息可能会产生的文化亏损。当代是一个中国和外国文化交流更加频繁、更加深入的时代，我们在翻译实践中遇到与文化相关联的事物的概率更高。这就要求我们灵活运用上述翻译策略，力求使我们的翻译能更加准确地表达原文意思，促进跨文化交际活动的顺利进行。

(四)语用学理论对日语翻译教学的启示

1.有必要提高学生的语用意识及语用能力

在日语翻译教学中，教师要有意识地把语用学的相关知识融入教学中，增强学生的语用意识和语用能力。教师有必要强调语境的重要性，引导学生从语境角度去思考原文字、词、句的翻译。基础阶段的日语教科书，很多例句比较简单只有独立的一句话，没有特定的语境，有时难免会造成学生理解上的困难。针对这种情况，教师可以引导学生去设想这句话的语境是什么，会话的双方是何种人际关系？从而帮助学生正确理解句子并准确翻译。

编写日语教科书的时候，在增加句型种类的同时，我们需要明确是在什么样的语境下才能使用。翻译教学中需要有意识地分析讲解语用失误的例子，以便使学生逐渐加深语用意识，避免语用失误。

2. 有必要教授语用翻译策略

教师对不同的语言形式的语用功能和其使用语境进行充分解释，并结合实例分析语用翻译策略，以语用来促进翻译教学。除了在课堂上有意识地培养学生的语用意识，结合教学内容介绍相关的语用规则之外，教师还可以通过其他渠道来培养学生的语用技能，如观看日语电影、日剧、动漫，阅读日本文学作品等。教师要让学生意识到汉日两种语言词汇表达的特殊语用功能，在考虑文化差异的同时，我们要用不同语言的语用策略来完成翻译任务。教师可以告诉学生，寻找关联的过程就是提取各种各样有效信息的推理过程。初学翻译者往往不敢增减词语，以致译文生涩拗口。翻译教学中如果能从语用学的角度讲清楚增减词语的理据，将有助于学生更好地掌握这一翻译技巧。随着全球化时代的到来，某些词汇也在悄然发生变化。作为教师有必要训练学生的语言敏感度，让学生及时关注到语言文化层面的变化，以使我们的翻译更加准确、贴切。

总之，在教学中我们需要先引导学生正确理解原文所包含的语用含义，包括言外之意，在深刻理解了原文的语用含义的基础上，再考虑如何传达语用含义以及传达到何种程度的问题。

第三节 日语翻译教学中的功能理论

一、功能翻译概述

(一) 语言功能的含义与分类

功能语言学家尼科尔斯认为语言功能有以下五种含义。

(1) 依存关系。指两事物之间相关与互动的关系。

(2) 目的。从语言使用者的角度来说，语言的功能就是语言的使用目的。语用学、语篇语言学、社会语言学等探讨的多是语言的这种"目标功能"。

(3) 语境。语境功能是指语言反映言语活动环境的能力，一是社会语境，语言可以体现语言参与者的角色、身份和社会关系；二是语篇。

(4) 结构关系。这种结构功能是指一个结构成分与上层某个结构单位的关系，即它在这个上层单位中所起的作用。

（5）意义。在现代语言学论著中，"功能"有时与"意义"相等，尤其是语用意义。"功能"研究即为"意义"研究。

布龙菲尔德（Leonard Bloomfield）于1933年在其著作《语言论》中提出了语言功能的"工具模式"，该模式包括四个因素：符号、语境、说话者和受话者。符号即语言，语言功能产生于符号与其他因素之间的关系。符号同语境之间是"表现"关系；符号同说话者之间是"表情"关系；符号同受话者之间是"感染"关系。

布龙菲尔德总结了语言的三大功能：

（1）表情功能，指语言用来表达作者或说话者的主观观点或情感的功能；

（2）描述功能，指语言描写报道或表述客观事实的功能；

（3）感染功能，指语言用来影响、劝说、要求、命令读者或听话者去做某些事情的功能。

在语言学界影响较大的是布龙菲尔德的语言功能分类方法，之后许多语言学研究者的理论中都体现有布龙菲尔德理论，例如，雅各布森的语言功能理论和韩礼德的系统功能语法理论所支持的"概念功能、人际功能和语篇功能"。

作为美国的语言学家，雅各布森发展了布龙菲尔德语言工具模式中的交际功能。1960年，他在文章《语言学和诗学》中提出了语言的六个要素，即语境、信息、信息发送者、受话者、解除渠道和代码；六种功能模式，即指称功能、表情功能、意动功能、寒暄功能、诗学功能和元语言功能；阐述了各语言要素之间的关系（信息和语境之间的关系为"表现"，信息和信息发送者之间的关系为"表情"，信息和接收者之间的关系为"意动"，信息和接触渠道之间的关系为"寒暄"，信息和组成信息的代码之间的关系为"元语言"，信息与其本身的关系为"诗学"）。

（二）功能翻译之理论基础

在翻译实践的历史长河中，译者们对功能翻译观点早有感悟，但是正式提出这一理论是在20世纪末期。翻译理论家西塞罗曾指出，逐字翻译的译文有时显得不那么通畅，如在必要处更改原文的措辞及语序，这又超出了译者应发挥的作用。20世纪60年代，奈达在著作《翻译科学探索》中提出了翻译的"动态对等"原则。"动态对等"是指要在译文中使用最贴近且又最自然的对等文本再现源语的信息。"贴近"是指要使译文的信息表达完整、准确。"自然"是指要使译文通顺、流畅，也就是说要最大限度地接近原文。

(三) 功能翻译中的文本处理

在功能翻译中，翻译过程是由"整体到局部（top-down）"的处理过程，全局法步骤是从语用层次着眼，先要确定翻译文本所要服务的功能，即译文阅读者、译文使用对象、使用场合、译文使用的中介方式等；确定是纪录型翻译还是工具型翻译、要复制原文功能要素还是将原文的功能要素进行改写。不可译不再是译者不可逾越的障碍，因为从表面上看，某个修辞是不可译的，但是可以用服务于同一种目的的另一种修辞手段替代，只要能保证功能的实现，即使省去某个部分不译也是说得过去的。"整体——局部"的处理过程主要包括以下三种手段。

（1）内容整合。根据目标文化接受者的需要，对原文内容进行整合，该删的就删掉，该增补的就增补，这些在翻译前就必须做出决定。如果不对原文内容进行适当处理，一路照译下去，到头来会事与愿违，费力不讨好，应该让读者知道的信息却不明确，读者不想知道的内容却十分烦冗。

（2）语言整合。在尊重原文主要信息、充分领会原文精神的前提下，根据目标接受者的心理习惯，对原文进行语言处理，包括风格、文体、篇章等。时政、新闻、宣传等材料的翻译尤为如此。例如，新闻采访中的电视字幕翻译，由于被采访对象的话语是即兴说出的，其条理、思路、用词不像书面语那样经过深思熟虑，往往颠三倒四、松散拖沓、含糊其词、杂乱无章，俚俗、方言并用，唠叨啰唆等都是常出现的现象。对于此种现象，译者必须对文稿加以处理，进行调整、增删、编辑、加工等，从词句到风格、从局部到整体都要灵活变通。

（3）译文综合分析。译文完成以后，译者要确定是否能被读者理解、理解是否困难，要确保译文不带有译出语的结构和形式，即所谓的翻译腔，译文是否能对使用者在实际交际场合产生作用，能否产生他们想要的那种作用。译文的综合分析旨在把译文与译入语世界结合起来确定译文的功能取向。

二、功能理论在日语翻译教学中的应用

(一) 科学开展译文评判标准的制定活动

在过去，大学日语教学工作者主要是依据对等翻译理论开展翻译教学活动，通常情况下，翻译评判标准大多是由教师独自负责制定的，因此，教师会根据所制定的标准设计译文的标准答案，在这一环境下，译文评判的过程变成了纠错活动，也正因如此，译文评定活动经常会出现评定不合理的情况。诺德在翻译目的论中曾提出在开展译文评判工作时，不能仅关注语法是否正确，而忽略其他方面，在具体评判时，人们需结合具体的翻译纲要判断译文能否满足翻译功能，在此基础上，再对译文的合格性进行评判。值得我们关注的是在评判翻译目的是否达成时，需要判断译文是否"适宜"。所谓"适宜"是指完成翻译的语句应符合预期的翻译目标并能够顺应读者的语言环境。通常情况下，不同的翻译任务有着自身独特的翻译目的和翻译语境，也正因如此，"适宜"并非是静态不变的而是会经常出现变化的。

为此，广大大学日语教学工作者在开展翻译教学时，一方面需对具体的翻译理论进行深度研究，另一方面也需结合具体的语境和需求对学生的译文进行科学评判。在实践过程中，大学日语教学工作者可以首先从整体上查看学生译文是否达到预定目标，其次判断译文是否达到了预期翻译目标及语境要求，最后再判断局部语句是否精准。为了燃起大学生参与翻译学习的热情，大学日语教学工作者可以在课堂上设置学生互评环节，通过这一方式，在培育学生学习兴趣的同时加深学生对翻译理论的理解。

(二) 革新翻译教学方案

在全新的教学形势下，对等翻译教学方案已然落后于时代发展的潮流，倘若教师继续沿用传统的翻译教学方案，不仅无法达到提升学生翻译学习效果的作用，甚至还会挫伤学生参与翻译学习的激情。为此，广大高校日语教学一线的工作者需努力地革新传统的翻译教学方案，在实践过程中，大学日语教学工作者可以从以下几个方面着手。首先是关注译文的整体效果。日语翻译工作并非只是对原文进行逐词逐句地翻译，而是需要站在整体的视角

上开展翻译工作。在调查研究中，笔者发现当前一些高校的翻译教学体系存在着过度注重逐词逐句翻译的情况，在引导学生进行翻译学习时，教师会重点关注学生翻译的细节，而译文的整体性要求则被忽略。因此，在革新翻译教学方案时，日语教学工作者应重点关注翻译的整体性。其次是关注语篇功能。诺德在翻译目的论中提出了文本具有诉求功能、寒暄功能、指称功能和表情功能四个功能。为此，广大工作在大学日语翻译教学一线的教学工作者需重点关注语篇功能的教学，从而使学生意识到语境在译文过程中的重要性，如此一来，学生才能结合具体的语境进行翻译。最后，教师还需帮助学生优化自身的翻译方法。现阶段，越来越多的高校开始引导学生学习翻译理论。为了切实提升学生的翻译能力，大学日语教学工作者应在充分分析学生翻译理论学习状况的基础上，结合学生的日语水平引导他们对各类翻译方法进行学习和研究。如此一来，他们才能根据翻译的目的和具体的语境科学地挑选翻译的方法，毫无疑问，这会有效地提升学生的翻译能力。

（三）重视功能翻译理论的应用

在跨语言快速获取知识方面，功能翻译理论发挥着极为重要的作用，为此，大学日语教师在组织开展翻译教学时应努力引导学生形成学以致用的习惯。新时代的大学生肩负着发展中国特色社会主义的任务，在日常学习中，学生只有积极地了解和掌握各类先进技术，才能从根本上提升我国的生产力。而倘若学生可以科学地应用功能翻译理论，那么他们便可以在第一时间掌握有关专业的研究情况，从而掌握科学研究的前沿动态。在实际教学过程中，大学日语教学工作者可以将班内学生划分成几个学习小组，让他们自己制定主题并进行研究活动，并引导他们借助功能翻译理论建立科研资料库，在此之后，让他们以小组为单位制定翻译任务和翻译策略。如此一来，每个学生都会拥有各自的翻译任务，在小组中他们还可以就自己的翻译成果与他人进行分享和讨论，这一方面可以丰富学生的专业知识储备，另一方面也有利于促进学生翻译能力的发展。

综上所述，在全新的教学环境下，倘若大学日语教学工作者依然沿用传统的翻译理论将严重影响大学日语翻译教学的高质量开展，由此可见，对大学日语翻译教学进行改革是尤为重要的。通过对功能翻译理论的有效应用，不仅可以促进学生实践能力的发展，而且可以有效地发展学生的翻译能力，如此一来，高校才能培养出能够满足社会需求的翻译人才，毫无疑问，这会有效地推动高校教学质量的提升。

第五章　日语教学应用

第一节　日语口译教学

随着我国改革开放的进一步深入，社会对口译人员的需求也越来越大。而日语系能否为社会培养出更多合格的毕业生，也是我们当前面临的重要问题之一。长期以来，日语系一直把"日语口译"这门课设置在本科三年级，授课期限为一学年，每周两课时。本课程的主要目的是让学生学到一些口译的基本方法，培养学生口译工作的能力，让他们掌握一些接待工作中最基本的口译知识和技能，尤其是从日语口语的特点出发，使学生能比较熟练地掌握敬语的使用，为今后的口译工作打下坚实的基础。

一、口译

何谓口译？看起来很容易回答，但真正让我们来回答这一问题时，又觉得不是那么简单。这是因为"口译"的定义不单单是一句"口译"所能解释的，它涉及口译的标准，对译文的要求，翻译的方法以及态度、条件等。因此人们很难给口译下一个完整的定义。众所周知，自古以来我国就要求译员在翻译时必须做到"信""达""雅"，为达到这一目标，译员不知付出了多少艰辛和努力。

(一) 口译的定义

口译是一种翻译活动，是指译员以口语的方式，将译入语转换为译出语的翻译。做口译，就是在讲者仍在讲话时，同声传译员便"同时"进行翻译。

口译定义的要素，包括源语作者、源语语篇、译语语篇、语篇功能、忠实性、翻译任务委托人、接受者、译者、翻译条件和翻译任务等。

口译的特点：一是在口译时通过源语语篇的分析找出作者意向的可能性受到很大限制；二是产出的不是书面语篇，而是口语语篇。

(二) 口译的类型划分

口译类型的划分有三种不同的方法：形式分类法、方向分类法和任务分类法。

根据口译的操作形式，口译分为同声口译和接续口译。同声口译又称"同传"，是源语语篇的发布和译语语篇的发布同步进行。接续口译又称"交传"，源语的发布要中断，等待相关部分的口译完成后，源语继续发布，源语发布和口译相互接续，交替进行。此外，口译可能是单向的或是双向的。双向口译要转换口译的方向，有时从 A 语言译到 B 语言，有时从 B 语言译到 A 语言，A 语言和 B 语言轮流作源语和译语。单向口译只需要将 A 语言译为 B 语言，只有一个方向，A 语言始终是源语，B 语言始终是译语。

在翻译工作的实践中，根据不同的标准 (方向、任务等)，口译还有其他种类的称呼。

（1）根据译语的发布方式有耳语口译 (将一方讲话的内容用耳语的方式轻轻地传递给另一方的口译手段)。

（2）根据交际场合或地点分为：大会／会议口译、传译间口译、信息口译、陪同口译、谈判口译、法庭口译。

（3）根据口译要处理的语篇特点分为：电影口译、电视广播口译、技术口译、报告口译。

以上这些口译的种类都可以根据具体情况最后归属到上面提到的主要口译种类，即单向或双向的接续或交替口译和同声口译。

采用恰当的口译方式是个非常重要的问题。口译者必须根据特殊的交际场合 (有时也要根据自己的能力) 决定选择哪种口译方式。总的来讲，我们可以将与口译有关的交际场合分为七种：国际组织的会议；新闻发布会和演示报告；特邀报告；咨询、谈话、谈判；公开座谈和其他时事讨论；专业会议；教育培训和其他学习、进修活动。

这些口译类型的具体工作特点可以用以下的标准来判断。

（1）源语语言结构紧密性的程度：是自发的口语，还是有准备的发言，还是朗读出来的书面语。

（2）信息强度：信息量小而分散，还是大而集中。

（3）受众群体的同一程度：是多元化的一般听众，还是同行业的专家。

（4）有无视觉伴随资料：纸版的发言稿、提纲／提要、电子演示屏幕信息、插图、画面等。

（5）信息流传递的特点：几种语言的口译同时进行，还是接续口译或搭桥口译（如英—汉—德）。

（6）设备特点：有无多语种同传设备，有无同传翻译间，同传间的视角、与报告人的距离、与图像演示画面的距离等。

通过对这些特点的分析，口译者可以作出判断，使用什么样的口译工作形式最有效，应该采用什么样的口译技巧（增译法、减译法、转译法、拆句法、合句法等），口译必须以及可能达到什么样的质量标准。

有时候，为了完成同一项延续几天的口译任务，因具体场合不同，必须交替使用不同的口译工作形式。

二、日语口译

（一）交传与同传以及笔译

我们知道，在运用语言的行业中，口译工作是最具有代表性的。不是说只要懂了某种语言，就可以胜任口译工作。当我们把口译当作一种职业时，它是有较大难度的。口译又可分为交传和同传。交传一般用于"观光导游""生活翻译""技术交流""商业会谈""宴会翻译""采访翻译"等。而同传则多用于"学术会议""研讨会""专题讨论会""报告会"等。对于同传则需要更专业的翻译技巧。

具体说来，所谓的交传，指日语口译人员面对双方，把所听到的内容分成几个句子，一边记录一边在脑海中进行分析整理，抓住要点，将其准确地转换成另一种语言。而同声传译的译员则是通过麦克风，把所听到的内容及时地、迅速地转换成另一种语言，几乎是同时把另一种语言传递给听众。也就是说，日语译员是坐在固定的位子上看着会场的听众进行翻译的。因此这就要求日语译员要把听到的内容迅速地译成另一种语言，否则，当会场响起掌声或笑声时，听众什么译文都听不到的话，就会感到莫名其妙，甚至不知所措。前面提到，普通口译人员中包括"观光导游"的译员。日语的导游员是以向客人介绍中国为目的的，所以只要具有一定的日语水平及业务知识就基本上可以胜任工作了。

另外，众所周知，交传与同传以及笔译都可以称为"翻译"，但它们既有共同点也有不同点。把一种语言翻译成另一种语言，这是它们的相同点。同传有时可以使用生硬的文章用语，而普通的口译却很少使用。另外，在口译时，还常常省略一些东西，根据不同情况，在忠实于原话的基础上，日语译员有时可翻译得灵活一些。另外一点就是笔译可以慢慢去推敲，交传或同传却没有这个时间。我们要求笔译的译文必须达到100%，而口译的译文则很难达到100%。在日语笔译时，句子可以很长，但口译时却要把长长的句子分成几句话或几段话来译，否则会使人听起来费解。再者，做日语笔译时，可以有充足的时间对译文进行修改，但对口译人员来说，却没有这个时间，他们一旦说出口就无法修改。

（二）日语口译人员有关注意事项

1. 要有一个正确的立场

作为一名中国的口译人员，随时都要想到自己是中国人，是中国人的一个代表。所以要求我们的译员有坚定的立场，即便担任对方的翻译，也不要忘记自己是一个中国人，应该时时刻刻把"中国人"这三个字印在自己的脑海里。日语当中还存在一些歧视中国人的词语，对于这些我们要认真对待，一定要有我们鲜明的立场，针对不同情况、不同对象，灵活应对。

2. 既迅速又准确

作为一名口译人员必须做到真正理解讲话人的意图，在翻译时需要表情丰富，声音自然，姿势端庄，并在适当的时候把讲话人的意思转化成另一种语言。也就是说，译员必须在短时间内把双方的意思正确地传达给对方。口译不同于笔译，口译一般要求采用通俗易懂的表达方式。它要求译员语言表达清楚，口齿清晰。可以说，作为一名口译人员，根据场合不同，有时要求译员把自己当作其本人，要认真地、忠实地、迅速地进行翻译。

我国著名翻译家王效贤女士曾经提出"口译不是传声，而是传神"。我们知道，人类在表达任何事物时都会带有表情、感觉等。当我们把一种语言转换成另一种语言时也是如此。它不仅仅是一种语言的转换，同样也有表情、感觉等的传达。我们常说："作为一名好的译员必须达到四会。"所谓"四会"即"会听""会说""会看""会翻"。我们要达到这一要求就必须反复进行这一方面的操练及实践。

如何在口译时达到既迅速又准确呢？一个办法就是做好准备工作。如果译员事先能了解一些讲话及会谈的内容，做一些准备的话，在翻译时就会感到心里踏实一些。所以教师可以要求学生在可能的情况下尽量与双方的有关人员做一些沟通。

3. 实事求是

学生在翻译过程中要做到实事求是，切不可不懂装懂，随意乱翻。

作为译员不可以只按照自己的想法、语气翻译。切不可发言人只说了一句话，而译员却喋喋不休地说。因为这样会让发言人感到很不痛快，并产生不信任感。但是，有时也需要译员进行适当的添加与补充。

在翻译时还要注意的一点是，切不可偷工减料，要尽可能完整地译出来。如果译员在翻译时把讲话人所要表达的内容简单明了地译过去，这时讲话人会因为翻译太短而对译员产生怀疑。碰到这种情况时，译员可以解释一下。

作为一名译员要时刻提醒自己只是一名翻译，切不可自己乱下结论或擅自行动甚至取代发言人，更不可以随意发表自己的意见，要时刻牢记自己只是双方的一名翻译。作为一名合格的译员，必须做到完整地去翻译双方的讲话，不可自作主张地取代发言人去回答任何问题而冷落双方。也就是说，无论大事小事都应与发言人商量。但是当有些问题发言人回答不了，而作为一名译员知道时，则可以小声地告诉发言人，然后再进行翻译，可以说这时的译员应该起到一名好参谋的作用。

桥梁作用也是译员的工作之一。如果在宴会桌上，双方都不讲话会很冷场。当然此时的翻译会感到很轻松，也许会觉得这可是会话、聊天的好机会，但这是绝对不允许的。作为一名译员绝对不可以抛开双方，只顾自己练日语或只用中文去交谈，甚至去大吃大喝。作为宴会桌上的译员应该在适当的时候，找出适当的话题，让双方进行交流，也就是说要主动去给双方搭桥。只有如此才能称得上是一名合格的译员。另一点就是要认真负责地做翻译。口译人员在翻译时要时刻集中精力，认真去听每一句话并在脑海中迅速地归纳，在理解了大概意思之后再翻译。因此要想当一名好的译员就必须反复练习和实践。

4.有礼貌

中国自古以来就是一个注重礼仪的国家，而日本的许多礼节又多源于中国。所以在待人接物时，译员都必须做到有礼节，特别是日语学生更应该引起注意。作为一名译员则必须随时注意礼貌礼节，特别是翻译时，要会正确地运用日语中的敬语。当然，敬语的运用是很难的，但是，既然日语中有敬语，即便烦琐译员也要尽可能地去正确地掌握和运用，否则，翻译时会失礼并让听者感到不快。当然，作为一名译员要以译员的态度与双方相处。译员不仅要掌握好日语，还应该是一个杂学家，因为译员的翻译工作范围是很广的。教育部门的翻译可能会精通教育方面的内容，医疗部门的翻译可能会精通医学方面的内容，体育部门的翻译可能会精通体育方面的内容，法律部门的翻译可能会精通法律方面的内容，但是，对于自己专业以外的，如经济、佛教等，都可能知之甚少。作为一名好的译员，应该在努力提高自己的中日语言的同时，不断地去了解并掌握各方面的知识。从这个意义上说，作为一名译员就应该不断地去学习，只有掌握了多种知识和技能才能更好地胜任翻译工作。

另外，作为一名译员还必须具备以下条件：一要听力好，二要精通讲话人所用的语言，三要熟悉讲话人本国的文化背景，四要了解讲话人所用语言的特点，五要对讨论的问题有深刻的研究，六要具有广博的知识和较高的文化修养。

三、口译教学的要求和条件

有计划、有目的地设置口译课，有助于口译课取得良好的效果。确定口译课程的教学内容、教学目的、教学方法、任课教师应具备的条件以及口译课学生的基本素质等，成为设置口译课的首要任务。

（一）口译教学的主要目的

口译课的主要目的就是提高学生的口译能力。而口译能力又是由与口译相关的知识水平、各项基本能力以及行为方式来决定的。在口译课上，我们必须针对学生要达到的具体的相关能力，确定具体的教学目标，通过相关的练习逐步提高学生各项具体的实际能力。

1. 提高学生的文化能力

文化能力是指口译人员在本文化和他文化之间的理解和沟通能力，因此，口译人员需要掌握大量本文化及交际伙伴所处的他文化中的相关知识，并且要不断积极更新，扩充自己已掌握的信息。口译译员要能够识别这两种文化之间的异同点，并据此在口译工作中采取相应的措施，促成交际双方准确的信息交流。

2. 提升学生的语篇能力

由于在实际的口译实践当中，多数情况下都是从日语翻译成母语，所以要提高母语和日语两种语言当中的语篇能力，在口译课上就必须传授给学生有关口译所特有的方法和知识，并通过相应的练习来逐步提高学生在这方面的能力。

3. 培养学生的译前准备能力

口译课的一项中心任务就是要培养学生的译前准备能力，扩充专业知识和常识。

一般来说，学生在译前准备时要突击扩充大量的相关专业知识，因此难免有畏难情绪，并且在译前准备的同时会发现自身还存在着巨大的知识空白点。很多学生在这个时候会感到非常沮丧，因为译前准备的过程会让他们意识到自己的知识盲区还很大。因此，口译教师要发挥关键的引导作用，帮助学生克服他们的沮丧心理。

4. 提高学生的口译能力

口译课最主要的教学目的之一就是要提高学生的听力理解能力。口译课上教师可以设置相应的练习，通过有针对性的训练，提高学生的相关听力理解能力。

除此之外，教师还要通过相应的练习提高学生的信息储存能力，包括大脑强记能力和口译笔记能力。接下来就要通过训练来提高学生的译文生成和编辑能力。从源语到译语的意义传递以及译文的编辑能力都是口译所特有的专门能力。为了提高学生的发音能力和演讲技巧，并最终使学生能够以一种符合相应口译场景的表现形式来传递译文，口译课上也可以设置发音和演讲练习来训练学生有目的地运用韵律学原理掌握专业的发音学知识和演讲能力。

5.擢升学生的口译职业道德

最后这一点也是非常重要的一点，教师要擢升学生相应的口译职业道德品质——具备高度的责任感、高度的忠诚和很强的适应能力，同时要做到自觉保密。

(二) 口译课教师应具备的条件

口译教师应该具备的素质：

(1) 能够独立完成口译课的课程设置、规划、实施、更新和改进；

(2) 具备非常高的母语及日语水平；

(3) 具备较高的翻译学理论知识；

(4) 具备较高程度的语言学知识；

(5) 具备较高的教学业务能力。

口译教师应该具有足够的口译实践经验，具备扎实的翻译学基本知识，能够在口译课上进行系统的讲解；能够把自己所积累的口译实践经验和口译理论知识有效地贯彻到教学实践中去。

整个口译教学过程需要由口译教师来进行协调与配合，教师应力求营造一个合适的教学场景，使学生能够自主学习；可根据实际需要扮演不同的角色；应该能够在适当的时候传授给学生必要的相关理论知识；应该能够阐述自己教学设置的整个授课过程。从事口译教学的教师切不可脱离口译实践，要不断参与实际的口译实践工作，以便积累相关的实践经验；积极参加相关的进修培训，包括口译教学法方面的进修培训。

(三) 口译课学生应具备的基本素质

口译课与学生已经掌握的日语水平密切相关，当然还包括他们的母语水平，除此之外，学生是否能学好口译或者说以后是否能胜任口译工作，还得看他们所具备的其他素质。

1. 语言文化能力

口译课上，语言水平的提高已经不是主要目的，而是训练学生的各项口译能力不可缺少的条件。口译学生必须有扎实的两种语言或两种以上语言的功底。不管是母语水平还是日语水平或者是文化方面的知识，对口译人员的要求都比对笔译人员的高得多，特别是他们的听力理解能力，清晰、流畅的口头表达能力以及所掌握的词汇量等。

2. 个人基本素质

（1）智力素质：良好的记忆能力，逻辑思维能力，辨析解意能力和应变反应能力。

（2）心理和生理素质：高度集中注意力的能力，敏锐的听觉，合适的声音音质，记忆力好，办事果断，有耐力，有恒心。

（3）职业道德方面的素质：具有高尚、忠诚、稳重、谦虚的品格和大方素雅洁净得体的仪表；从容镇定，言语得当，举止得体；保守机密；团队合作。

学生应该在自身原本具备这些能力的基础上，通过不断的学习和练习完善自己、提升自己。

四、日语口译课

（一）日语口译课课前准备

1. 仔细研究教学大纲

教学大纲是一门课程的指导性文件，详细地规定和说明了课程的任务、目的、教学内容以及考核方式等。教师课前首先要认真、仔细地研究教学大纲，熟悉并掌握本课程的教学内容，知识的重点和难点，再决定采取何种教学方法来完成教学目标。教学大纲基本上都是院系编写，学校审核。通过教学大纲，我们可以知道本课程授课对象，进而了解授课对象的知识储备情况，以便在授课中做到心中有数。日语口译需要有一定的日语基础作保证，因此，日语口译课在大多数的高校都安排在高年级授课。

2. 精心准备教学内容

准备教学内容首先是要精选教材，教材是教师授课内容的主要来源，也是学生预习和复习的重要依据。教材要符合大纲的要求，不能和大纲的精神相违背。教师挑选的教材要具有权威性，代表着今后本学科的发展方向。其次是挑选参考教材，日语口译的内容非常广阔，仅靠一本教科书教授学生口译知识是不够的，教师要在教科书的基础上，准备两到三本参考书目，适当地扩充知识的宽度和深度。最后，教师要进行实践调研，由于社会的发展瞬息万变，有些教材和参考书周期太长，内容已经落后，无法满足教学的要求。教师除了从教材和参考书中挑选有价值的知识外，还要不间断地进行实践调研和学习，随时掌握本专业的发展状况。通过调研或是互联网获取新的知识，充实到教学中，保证学生时时刻刻都能学到本学科的最新知识，了解本学科的发展趋势。

3. 认真编写课堂教案

教案是教师为了有效地开展教学活动，根据大纲的要求，对教学内容、教学重点难点以及教学方法等所编写的具体方案。教案能使教学活动更加具体化、条理化、明确化，有利于进一步完善教学活动。教案一般分为详细教案和简单教案两种，从事多年教育工作的教师一般采用简单教案，简单地把授课内容、时间、重点难点以及教学目标写到教案中。年轻教师或是经验较少的教师采用详细教案，把每节课的内容、教学步骤、知识点、使用的时间、教学方法等详细地写到教案中。教师对教案的精心准备和设计，不但有利于教师熟练掌握教材，把握所授知识的重点和难点，选择适合学生的教学方法，也有利于充分利用课堂时间，提高教学质量。日语口译课是以动嘴为主的课程，更需要教师在课前准备好相应的翻译资料，并根据资料的内容了解相关的知识，以便课堂教学顺利地进行。

4. 巧妙规划课堂设计

教师要圆满地完成每一节课，就必须在每节课的各个环节做完美的衔接，找出分析问题的方法和解决问题的步骤。首先教师要把课程的教学目标、期待效果传达给学生，让学生有足够的认识，充分地重视本门课程。目标的设计分为课程目标、单元目标以及每堂课目标，要把这几个目标有机地连接起来，形成一个系统目标。在讲授新知识的时候，教师要设计好精确的切入口，使学生自然而然地进入到新知识的学习里面，重点要突出，知识点要有代表性，使学生掌握一个知识点后，利用学习的知识点能够攻克别的相类似的知识。难点的地方，教师要做好知识点的铺垫，进行有效的引导，还要设计几个案例，让学生通过案例生动形象地掌握难点。规划设计课堂要与时俱进，巧妙地利用现代化教学工具。日语口译课堂，教师可以通过网络下载有关的口译现场，让学生观看，提高学生自身的日语口译能力和水平。

（二）日语口译课优化策略

1. 改进课程教材，细化教学内容

传统的高校日语口译教材内容已经不适用于当前的教学，我们应该重新编写高校日语口译教材，丰富和细化教材内容，促进高校日语口译课的教学效果的提升。首先，教师在教材中可以增加一些文化背景的介绍，利用文化背景吸引学生的目光，加强学生对这门课程的喜爱之情，进而提高口译教学课堂的教学效果。语言是文化的媒介，任何语言都有其特定的文化大背景，教师在教材中增加相关知识内容背景的介绍，可以提高高校学生的日语综合口译能力。其次，教材中的内容应该更加细化，可以让学生系统地掌握每一课的知识点，这样有利于教师在讲解时加强学生对知识点的理解，也有利于学生自学。

一般的日语口译教材后面都会附有中文的译文，口译教材对学生的翻译能力的锻炼起到很重要的作用，它不仅要有声音，还应该配有图像教材，并配有教师用书。当然，教师还可利用各种语音教材和文字教材，模拟各种场景，收集各种资料，特别是发掘网络上的音像材料和文字材料，做到与时俱进。

2. 充实教学环节，增加教学亮点

高校日语专业口译教学课堂缺乏丰富的教学环节，在授课过程中只是教师根据教材进行讲解，然后让学生加强记忆，接着进行练习，这种教学步骤无法提高学生的综合能力，也无法加深学生对知识点的印象，不利于构建现代化的日语口译课堂教学模式。要想提高学生的学习兴趣，提高口译课教学效果，还需要教师不断地充实教学环节，增加教学亮点，这样才能够吸引学生的注意力，让学生主动投入学习中。

首先，丰富教学环节中的内容，引起学生的好奇心。教师可以在课堂上延伸教学内容，由日语口译知识理论外延到其他语种的口译教学理论中，向学生们介绍国内外先进的口译理论、口译学习方法，让学生们对口译专业有实质上的了解，能够充分地理解口译的标准和要求。在介绍的过程中，教师可以向学生介绍一些代表性的人物，增加学生的自信心，鼓励大家学好日语口译知识，掌握日语口译的技巧。

其次，教师可以利用中日两种语言进行对比讲解和分析，使学生们通过对母语的理解，掌握日语口译的理论和技巧。中日互译当中，学生们可以明显体会到两种语言在句子构成中的不同，无论是用词、词序还是语法结构都存在了较大的差异。通过不同点的对比，学生们可以加深对日语口译知识的印象，提高自身的日语口译水平。例如，日语口译中的基础性技巧，包括直译、意译、顺译等，都可以通过中日互译比较来进行讲解，这样可以使学生直观地体会到日语口译的特别之处。

最后，在教学中有一个地方值得口译教师的注意，那就是在口译课堂上教师不仅需要围绕文学作品或者单纯的口译理论知识进行讲解，更应该向学生们多介绍不同专业领域中的内容。因为学生们未来有可能从事的岗位会与各个行业接洽，他们在翻译过程中会经常性地接触到行业专业术语，只有在口译课堂上为学生普及这些专业术语，学生们才能在日后发挥更大的作用，拥有足够的自信心。日语口译课堂讲解内容可以延伸到高校其他专业上，例如，物理材料科学、生物技术、医学专业、化工专业等。向学生们讲解不同专业的口译内容，有助于为学生积累经验，为他们日后的发展奠定基础。除此之外，教师还可以利用一些时事报道、科技文献等不同文体题材对学生进行口译训练，锻炼学生的实际口译运用能力，提高学生的反应能力。

3. 完善教学手段，应用多种模式

完善教学手段，改变单一、落后的教学方法是提升口译课教学效果的关键。日语口译是日语专业中的重点课程，这门课程联系着理论和实践，需要学生能真正记住和理解理论知识，又能够通过逻辑思考，将之整理翻译出来。学生在初步入高校时，接触的是一个全新的学习系统，对于选择日语专业的学生而言，他们在学习过程中需要教师的引导，所以教师们应该积极采用先进的教学方法，吸引高校日语专业学生的注意力，提升学生的主动性和积极性，让高校学生参与到课堂互动中，提升他们的日语综合能力。

4. 加强口语训练和翻译训练

教师在口译课堂教学的过程中，不仅要给学生传授语言知识还要传授翻译技巧，并组织学生之间进行口语训练和翻译训练。我们都清楚地知道，口译指的是在认真听完原语之后，根据自己的理解，使用语言知识和翻译技巧进行翻译并表达出来。所以口译训练应该贯彻执行在各个教学环节。那么开展口译课堂主要分为三个流程，第一是讲解和理解原语，第二是进行短语训练，第三是组织安排强化口译训练课程。而训练的内容需要根据课文内容的难易度进行设定，而训练的重点在于口译训练过程。在训练过程中教师会让学生扮演口译人员，在口译过程中会要求学生进行双语转换，学生应该保持注意力去听取教师对原语的讲解，中间尽量不要分散注意力，否则在口译的时候就会出现理解和表达的错误和偏差。教师在口译训练的过程中，不要第一时间就纠正学生的口译错误，否则会打击学生的自尊心和自信心，而是要在训练结束后再对学生进行评价和纠正，帮助学生加深对原语的理解和对口译表达方式的记忆。

此外，在课堂训练的过程中还要重视训练口译的技能和技巧。口译我们可以理解为翻译中日常的口语，相当于表达翻译的口语。而翻译的口语往往会受到语言文化背景和相关知识的影响。在将汉语口译成日语的过程中，翻译者的口译表达形式要与日语表达形式相匹配。一名合格的译员必须具备良好的日语口语能力，但这并不意味着日语口语好的人就具备译员的潜质。因为口译在很大程度上会受到原语的限制和约束，而译员无法根据个人的喜好和习惯机械地口译，对于译员而言，他们个人发挥的空间是比较小的，只能根据原语的信息内容进行口译。此外，口译对翻译时间的要求是比较严格的，通常会要求在短时间内完成对语言的转换。由此可见，一名合格的译员想要在短时间内完成对语言的转换，就必须在日常训练中重视对口译技能和技巧的训练，这样在口译过程中才能做到随机应变和灵活自如。

在训练口译技能和技巧之外，教师还需要重视对听力的训练。而听力训练则针对的是培养学生听日语的能力和技巧，学生在听日语的过程中需要保持高度的注意力，不能中断发言者的讲话节奏和思路，这样才能对发言进行整体性的理解和认识，而不是片面地对某一单词和句子进行理解。这里讲的不强调对个别单词的理解，不是要求必须听懂每一个单词，一旦出现听不懂个别单词的时候，不要过度纠结这一单词是什么意思，而是要跟上发言者的表达节奏和思路，一边听一边理解和领会单词和句子的表面和深层次含义，然后在大脑中快速组织逻辑语言将自己的理解表达出来即可。

口译课本身的难度是比较高的，对教师和学生的要求都是比较高的，对于教师而言，对其语音语调、口语表达、汉语与口译能力的要求是比较高的。所以传授口译技能和技巧的教师必须清晰了解和认识口译的特点，熟悉掌握各种先进的教学理念和教学方式。需要注意的是，口译训练需要学生的积极参与和配合，仅靠教师课堂传授是不够的，需要师生利用课余时间进行教学互动和训练。所以教师需要根据口译技巧和技能的特点来设计与之相匹配的口译教学内容，比如，要求学生做好口译笔记，利用课余时间进行口译训练等。对于教师而言，要学习和掌握多样化的教学方式和手段，比如，借助视频、音频和文字图片来激发学生参与的兴趣，为学生营造轻松愉快的口译训练环境和条件。此外，教师可以从国际新闻和热点话题中提炼出口译训练的材料，以此来吸引学生参与口译训练的兴趣。

我国自改革开放以后，社会经济的发展对口译专业服务的要求不断增多，对口译翻译服务的质量要求也越来越高。对于口译教师而言，必须在提高课堂教学效率和质量方面下功夫，这样才能培养出更多的专业的口译翻译服务人才。

第二节　日语笔译教学

一、笔译概述

(一) 笔译的交际场景要素解析

笔译的定义包括笔译这一交际场景所含的所有重要因素，除了时间、地点、交际动机、理解条件等，主要还有源语语篇的作者、翻译任务的委托人以及他们各自的交际意图，译语语篇的接受者及其期待，译者自身。

下面分别具体说明笔译交际场景的各个要素。

1. 作者

源语语篇的作者可能就是翻译委托人，其可能知名或匿名。源语语篇的作者在文章中表达一定的看法，他给源语语篇赋予了某种功能，并认为接受者有能力在自己理解的前提条件下体验这种功能。

2. 委托人

翻译委托人提出完成译语语篇的翻译任务，其也赋予了译语语篇一定的功能。最重要的是，他要确定，译语语篇对其读者是否应具备与源语语篇对其读者同样的功能。

翻译委托人可能是源语语篇的作者，也可能是译语语篇的接受者，还可能是第三者(如出版社)。在翻译教学过程中，教师就承担了翻译委托人的角色。

3. 翻译任务

翻译任务包括确认交际伙伴(作者、委托人、接受者)的交际需求(译语语篇的功能)；确定完成译文的条件(时间和形式以及委托者交付原文和翻译者交付译文的其他条件)。

翻译任务也是翻译者在选择翻译对策时，决定译文特点的根据。

4. 源语语篇

源语语篇是翻译者完成译文的基础，是翻译者确定翻译对策总原则和具体操作方法的参照依据之一。

源语语篇大致可以分为四种：为源语和目的语的交际群体中潜在一致的接受者拟写的语篇(如专业语篇)；为源语的交际群体拟写的语篇(如政治讽刺小品)；主要朝向源语，潜在的也是朝向译语的语篇(如畅销书)；本来就是专为译语接受者拟就的语篇(如某些广告语篇)。

5. 翻译者

翻译者需要根据源语语篇作者的意向和翻译委托人的意图进行写作，通过语篇分析尽可能地弄明白原作者的意向，然后对源语语篇进行翻译。翻译者面对的是不同的语言和文化特征、不同的语篇种类以及接受者不同的理解前提条件，所以，翻译者也要根据不同的交际场景条件，采用各种不同的方法，去解决不同的翻译问题。这些方法因不能完全客观化，因而也难以系统化。

6. 译语语篇

源语语篇内容用译语重新成文的结果是译语语篇。译语语篇也是处在一定的特殊交际情景之中，由接受者作为整体来理解的表述，带有一般的文化特点和特有的语言特点，传达各种各样的信息，它只服务于作者与异语言和异文化读者之间的交际。翻译要符合读者对语篇的一般要求和对有关语篇类型的具体要求，其是按照读者的需要和期待来完成的。

7. 语篇功能

语篇的功能与作者的意图有关，但主要还是由读者赋予的。一方面，读者按照语篇的结构形式来判断，这可以从语篇类型特有的、反复出现的语篇结构范式明显地看出来；另一方面，语篇功能取决于读者如何看待这个语篇（对语篇的期待、要它有什么用）。

对于翻译来说，源语语篇的功能可能和译语语篇的一致，也可能不同。

8. 忠实性

在翻译实践中，译者的忠实性是多维度的，忠实的取向侧重点是可变换的：必须通过其工作实现委托人的意图；必须保证满足译文读者对译文应有功能的期待；必须忠实于源语语篇的作者。译者必须决定，源语语篇中的什么不能变，什么能变，什么必须改变，决策时始终要考虑到译文的目的。

9. 接受者

翻译者对译语语篇的接受者越熟悉，就越能更好地进行翻译。他可以考虑到译语语篇的接受者的年龄、职业、文化程度、社会地位、对相关领域的已有知识、对源语语言和源语文化的了解与否和可能的熟悉程度等，由此推导出接受者对译语语篇的期待，交付一份"量体裁衣"的译文。

在实践中，翻译者常常不知道接受者是谁而必须要以假设的"平均水平的接受者"为对象。

10. 笔译的外在条件

译文的特点不但受译者个人的主观翻译能力的制约，还受译语语篇产生过程的外在条件制约。所谓的外在条件包括：源语语篇的存在形式；必须完成译文的时间；是否具备相应的辅助手段；对译语语篇的形式要求（纸版还是电子版）。

(二) 笔译的界定

根据以上对笔译工作相关因素的概述，我们可以给笔译作如下的定义：

(1) 笔译是发生在不同语言的伙伴间进行的跨文化交际场合中的一种复杂的、由功能决定的、有计划的兼有复述性和创造性因素的活动；

(2) 笔译是译者根据翻译的任务，从源语语篇的分析中得到的作者意图，在源文的基础上完成译语语篇的活动，源语语篇和译语语篇一般为书面形式；

(3) 译语语篇应当在交际场合允许的范围内，在语言和文化的可理解性上尽量符合译语接受者的期待，同时，保持对源语作者应有的忠实。

(三) 笔译的种类

根据译语语篇在异语言和异文化中的交际意义 (即具有什么样的交际功能和目的)，我们从功能意义的原则上将笔译分为工具式翻译和文献式翻译，功能相异的翻译和功能相同的翻译。

1. 工具式翻译

工具式翻译是现代翻译工作实践中最通常的翻译方式，也是功能翻译学主要研究的对象，它也应当成为翻译教学中的主要翻译方法。工具式翻译的译语语篇虽然在内容和形式上仍然以源语语篇为基础，但有时或多或少地与其相异。如何翻译，决定性的标准是要实现译语语篇应有的功能。

工具式的翻译与语文式的翻译最重要的区别在于，工具式翻译为了实现希望达到的功能和目的，会在译语语篇之中给予某些辅助理解的"解释"，采用一定的"语用学的转述"，如"增补"或"改变表达方式"。

2. 文献式翻译

文献式翻译是将译语语篇只看作是对源语文化和语言群体内部完成的交际行为的文献记录，它包括所有的翻译形式。译文的目的和功能就是在异文化和异语言中充当被研究的文献，给异文化和异语言的读者提供有关源语文化和源语语言群体内部所完成的交际行为的信息。

3. 功能相异的翻译

功能相异是指译语语篇面对其读者的功能应当与源语语篇面对其读者的功能不同。决定采用功能相异的翻译，必须根据翻译任务委托人明确表示的意愿，或者根据译者的经验进行理由充分的估计。不明确时译员必须与翻译任务委托人商谈。

功能相异的翻译的应用领域：

（1）综述式的翻译。

综述式的翻译是指翻译委托人要求翻译者将有关某题目的相关资料的重要内容翻译出来。比如，赴国外考察团领导要求随队翻译把国外报刊上对此次考察活动的反映综合翻译出来。

（2）缩写翻译。

缩写翻译是指翻译委托人要求翻译者以较为简化的形式翻译源语语篇的语言或内容。如将一部长篇小说缩译成适合青少年阅读的版本。

（3）直线性翻译。

直线性翻译是指翻译委托人要求翻译者翻译有关语篇时不做修饰，尽量不改动语序、词义和表达方式，以便通过其他人进行再加工。

（4）粗译。

粗译是指翻译委托人要求翻译者在短时间内，为翻译者所了解的译文接受者，将源语的信息内容较为准确地翻译出来，但允许行文上存在不完美。

（5）净本翻译。

净本翻译是指翻译委托人出于某种意识形态、宗教文化、伦理道德或其他的情感原因，要求翻译者在翻译时对源语作品进行"净化加工"，删除或改动"反动的""污秽的""色情的""侮辱性的"内容和表达方式，以达到能以"净本"的形式出版的目的。

（6）文献翻译。

翻译委托人要求翻译者将准备供教学或研究用的源语语篇作为文献版本翻译出来就叫文献翻译。此类翻译常常有明确、细致的要求，根据需要采用某种或几种文献式的翻译方法，在必要时以不同形式加以注释，有时还需要提供不同的译法作为比较。这种翻译需要查阅与源语和译语文化及其语言相关的大量资料，包括专门的术语、概念，源语文化和历史背景等。

（7）诗歌韵文的散文式翻译。

诗歌韵文的散文式翻译是指翻译委托人要求翻译者将合辙押韵的源语

诗作翻译成散文。当译语和源语的语言及文化差距很大时，这是常用的做法。很多西方的古典戏剧韵文的中译本就作了大量的类似处理。

(8) 专业语篇或书籍的科普翻译。

专业语篇或书籍的科普翻译是指翻译委托人要求翻译者将源语中为专业人士拟写的专业文献内容，用较为通俗的语言和较少的专业语汇为较为广泛的受众翻译出来，用以普及科学知识。

4. 功能相同的翻译

功能相同是指译语语篇面对其读者的功能和源语语篇面对其读者的功能相同。从翻译的实际工作来看，如果翻译任务的委托人不另作说明，功能相同是通常的要求。

功能相同的翻译的应用领域：

(1) 广告翻译。

广告翻译译文功能与源语文化中相同，其目的是影响顾客的行为，"说服"更多的顾客购买产品。广告翻译必须非常贴近受众的文化、习惯、爱好以及心理倾向，因此广告翻译是可能对源语广告的表达方式改动最多的翻译类型，这种改动可能涉及的不仅是语言的形式和内容，也可能包括副语言信息(字体大小、美术字)和语言外的信息(相关的图片或影像背景)。

(2) 说明书翻译。

比如，出口药品或出口设备、仪器所附带的使用说明书的翻译。译文功能与源语文化中相同，为使用者提供正确使用药品、设备、仪器的信息。此类翻译需注意译语的交际环境中有时有不同于源语交际环境的规定和要求。如在翻译中国出口药品说明书的时候，必须根据国外相关的国家工业标准，必要时改动源文，并添加译语国家标准中所要求的内容。

(四) 笔译的接受阶段

笔译的过程包括两个阶段，源语语篇的接受阶段和译语语篇的产出阶段，这是两个相互关联的阶段，在时间上并没有严格的划分。因为在接受和理解的同时，翻译者已经在考虑译文，在动手下笔翻译时，也常要进行再理解，再查阅。尽管如此，把翻译从行为方式上分为进行分析工作的理解阶段(对源语语篇的接受)和写出译文的产出阶段(译语语篇的产生)还是有指导性意义的。

1. 语篇的理解

(1) 源语语篇理解的运作方式。

读者在理解源语语篇时，源语语篇的"框架"(即语言的形式或其他信息元素)使读者通过联想或反应想起相关的"场景"(即自身的认知结构或意识内容)。他把自己对世界的认知投射到要理解和要翻译的语篇中去。"你知识越丰富，你理解得就越多。"就是这个道理。翻译时做查阅调研，就是一种对已认知结构的补充，就是在补充新的"场景"。

我们可以这样来设想理解的过程：从对语篇的某种期待出发，读者将语篇中被自己识别出的信息与自己的长期记忆中存储的信息(经验、知识)联系起来，将新的信息整理排列进已有信息之中，并从新旧信息的关联之中推导出新的知识。在这个意义上，语篇的意义是读者所赋予的。

(2) 对源语语篇内容的理解。

笔译中，对源语语篇的理解不是简单地进行"输入语言"的符号对符号的译码(或解码)，而是一个心理认知过程。在这个过程中，"语言的输入"激发起翻译者大脑意识中已有的知识，并使其和新进入的语言信息结合起来，建构起一个统一的又很具体的意义，成为翻译者所理解的语篇。

理解与翻译不仅仅是对语言的编码信息进行解读，也包括理解语言表述中语言之外的要素，要读懂"字里行间"的意义。

(3) 不同人的不同理解。

理解就是新信息和个人理解的前提条件的结合。因此，即使是同样的信息，个人理解的前提条件不同，理解也不同。

一般来说，所谓理解的前提条件包括：语言的前提条件(母语和日语的水平差异)；非语言的前提条件(常识、教育水平、专业知识、对价值观的理解、智力因素、心理因素，甚至个人的生理状态)；直觉能力(不靠有意识的解释、证明、逻辑推理，就能对事物直接从整体上进行把握和理解的能力)。

这些理解的前提条件决定了译者对于同一事物的理解各有差异，有时甚至会截然不同。

(4) 翻译者的理解方式特点。

根据翻译任务和给定的译语语篇的功能要求，翻译者要使多义的语篇部分依自己对交际场景的理解单义化。翻译者绝不是要理解所有的细节，而是要根据交际场景的不同，突出某种意义，忽略其他意义或降低其他意义的作用。

翻译的理解要受到翻译这种交际行为的其他参与者的监督，主要是读者的监督。尤其是当读者多少会一些源语的时候，翻译者就可能会遇到麻烦，有时不得不为自己的做法说明理由，进行自我辩护。

翻译的理解是个复杂的过程，会有不同的结果。这必然增加了翻译教师授课的难度，翻译特有的理解过程和理解能力的培养应当有目的、有步骤地纳入翻译教学中去。

2. 语篇的类型表达及其划分意义

语篇种类是指在具体、明确的交际场合中，母语使用者普遍认可的、靠经验掌握的、受社会文化因素制约的、对复杂的事实内容进行口头或书面表述的、有共同结构范式的语篇类别。

语篇种类以特有的语言应用范式为特征。语言应用范式也称作"语篇惯例"。对母语者而言，创作语篇时使用这些惯例常常是无意识的，接受语篇时，他们能条件反射式地从语篇惯例中马上意识到语篇的功能。

译者应当了解经常出现的语篇种类的惯例，包括母语中的和日语中的。如果它们不同，就可以直接用译语中的语篇惯例代替源语中的语篇惯例。

3. 语篇的阶段分析

语篇分析，不仅仅是篇章语言学意义上的分析。现代翻译学指导下的语篇分析的目的是多方面的，以便把握所有影响翻译者理解语篇的因素。

4. 查阅调研手段的利用

(1) 语篇的收集和利用。

第一，类似语篇的概念。类似语篇也叫平行语篇（译语中存在的、与要翻译的源语语篇可比较的语篇）。类似语篇是翻译准备阶段进行查阅调研的重要手段。类似语篇包括：内容可比的类似语篇（在译语文化与交际群体中使用的内容相似而形式可能不同的语篇）；情景可比的类似语篇（在相似的交际情景中产生的、有同样用途的语篇）；结构和语言可比的类似语篇（语篇结构和语言用法习惯方面可比较的语篇）。

第二，背景语篇的概念。背景语篇也是译语中存在的语篇，也是翻译准备阶段进行查阅调研的重要手段。背景语篇包括：主题背景语篇（不是在与源语语篇类似的交际情景中产生的，但涉及的领域相同、主题相关）；知识背景语篇（不属于同样的语篇类型和种类，但涉及与源语语篇内容相关的基础知识）。

第三，如何利用类似语篇和背景语篇。类似语篇的用处主要在于，让翻译者注意不同种类的译语语篇的规范。收集类似语篇是翻译的准备工作，而参照类似语篇进行翻译更可以算作译语语篇产出阶段的工作。背景语篇最重要的用途是帮助翻译者了解专业术语。某专业的新术语在任何常用词典和词汇表中都查不到，有时却可以在译语圈内的专业文献中找到，还可能在专业教科书中，在报刊上，或者在网络上等找到。类似语篇和背景语篇还能帮助翻译者和学习者进一步理解"词语背后隐含的现象"。花时间去寻找和利用类似语篇和背景语篇是值得的，这样一方面，可以改善翻译者当前的翻译工作，另一方面，可以总体上增强学习者的翻译能力。

（2）科学地使用词典。

词典是重要的查阅手段之一。我们必须学会正确地使用词典。

第一，选择和使用词典前应当注意的事项。在选择和使用一本词典前，必须熟悉和了解词典的类型、用途、编撰时间和词典结构。熟悉和了解词典的重要方法之一是仔细阅读使用说明和缩写列表。这也应当成为翻译教学的内容，使学生明白其重要性。

第二，译者选择词典的具体标准。①收词规模：大约10万词条的词典基本上可以满足要求。②内容的表述和词典的质量：有完整的定义以及对应词语；有针对性很强的用例；有对相关词条（如近义词等）的引导标记；版面设计和编辑使用方便；纸张经久耐磨，装订结实耐用；既有印刷版，又有电子版。③年代：新词典中的新鲜词比老词典的多，如果翻译老文章，选择老词典可能更好。④目标群体：对于初学者来说"学生词典"肯定更合适；百科全书式的词典对于有经验的翻译者（日语水平较高的人）获取新知识和新信息很有好处。⑤作者：对于双语词典来说，本国人使用本国作者编辑的词典可能更合适；职业的专业翻译需要包含专业术语的专业词典和专业词汇表；图解词典和插图词典对于查阅一国国情和文化相关的概念很有用。

第三，词典能解答译者哪些疑问。词典主要分为两种：单语词典和双语词典。单语词典给出所查单词的一种或数种定义；双语词典给出所查单词在译语中的一种或数种对应词语。定义或对应词语的基础是相关词的意义（义位），义位又是由很多意义成分（义素）组成的。很多单词都有不止一种意义，它们是多义词。双语词典的问题在于单词在不同语言中的义位（意义）的结构不同，即义素（意义成分）的分布不同。而源语和译语中"对应"概念的义素结构极少百分百地重合。这个矛盾在双语词典中几乎看不出来。双语词典中只有相关的对照词语。

第四，译者该如何充分利用词典。由于好的单语词典原则上几乎将所有的义位和义素作了系统区分，并附有应用实例，所以，了解源语单词的词义，单语词典是无可替代的。另外，单语词典里的应用实例也会给选择译语对应词语提供有用的启发。

单语定义词典最大的优点是其单词的含义是通过更抽象的上位层次界定的。这使译者比较容易摆脱源语的单词，而选择将源语的名词译成动词，或将源语动词译成词组，甚至选择一整句话作为源语相关单词的对应词语。

定义词典仅仅使用一个语言系统内的方法，这对于经验少的人来说是很困难的。初学者更愿意使用双语词典。如果双语词典好，这也是可以的。在有多个对应词语时，双语词典经常不能帮助使用者选择词语。所以，为了选择适合于场景和习语搭配的对应词，经常有必要再补充采用两种查阅方式，一是在单语词典中再查阅一遍，二是进行从译语至源语的反向检查式查阅。当然，专业翻译所处的场景不同，专业翻译者离不开双语词典。但是专业翻译也不仅仅是专业术语的翻译，面对专业术语以外的内容，专业翻译者也面临上述同样的问题。

(五) 笔译的产出阶段

源语语篇理解阶段（笔译的接受阶段）之后是译语语篇的产出（笔译的产出阶段），它是在分析之后的一个综合的过程。

对源语语篇的分析理解和译语语篇的拟写是一个翻译过程的相互关联的两个部分。区分这两个部分只是为了明白地进行表述。在分析理解源语语篇时，头脑中总是要想到译语语篇的功能和目的，在拟写译语语篇时也要始终回顾源语语篇。

由于译语语篇产出的过程是由很多较小的翻译单元构成的，常常无法满足或不能完全满足语篇整体完整、连贯、通顺的要求，所以，译语语篇产出后，为了保证其目的和功能的实现，译者对语篇做最后的编辑、加工、修改和润色是绝对必要的。

语篇的编辑和加工应当从一开始就规划在翻译的例行工作中，因而也应计划在翻译教学过程中。

语篇编辑时应当检查的具体内容有以下几个方面。

第一，检查译语语篇的完整性。语篇的完整性包括连贯性和衔接性两个方面。需要翻译者检查的主要是语篇的衔接性和逻辑性，其包括以下问题：①是否保证了指称关联的统一性；②是否保证了修辞、风格的一致性；③如果译语语篇是日语，语篇内部的时态关系是否正确；④连接已知信息和新信息的主题、述题顺序是否符合逻辑。

第二，检查译语语篇中出现的源语干扰现象。定位这类干扰现象的最好方式是翻译完成后，把译文搁置一段时间，不看源文，大声朗读译文。译文搁置一段时间后，翻译者大脑中源文干扰的印象就会减弱，他就会用新的目光来重新审视译文。即便是翻译者自己连续朗读整个语篇，他也会发现很多需要改进的地方。

第三，检查译语语篇中可能出现的误译和漏译。这种检查当然要仔细与源文对照进行。因为翻译过程中总是跟较小的理解和翻译单元打交道，误译或漏译的可能性是很大的。

第四，检查文字。编辑的最后工作是进行日语正字法或汉语错别字的检查，以及对标点符号（包括日语分行符号）的检查。检查文字时，我们可以利用现代计算机文字处理程序中拼写和语法的检查工具，提高效率。但是，计算机检查程序不能完全取代人工的通读检查。检查标点符号时，我们也要注意"源语干扰"现象，类似的标点符号不表明它们的用法相同。

二、笔译教学的要求和条件

(一) 笔译教学的主要目的讨论

笔译教学的主要目的是培养学生的翻译能力。所以我们就应当以翻译学理论的思考为基础，从笔译过程的实际流程出发，顾及笔译职业工作的特点通盘考虑笔译教学的教学法与方法论。

笔译教学法不仅关系到笔译理论，还关系到一般的教学理论与教学法，关系到语言研究，而且也关系到教育学。笔译教学的主要目的体现在以下几个方面：

（1）以提出挑战性目标的形式，提高学生学习的积极性，但目标不能过高，也不能过低；

（2）在学生原有的基础上，带给学生新的内容，并巩固原有的基础；

（3）以带着学生解决问题的方式，增强学生面对问题、提出问题的自觉性；

（4）学生应当有解决问题的意志，并能够越来越好地解决问题，办法就是在先天能力的基础上补充知识；

（5）教给学生解决问题的方法，这些方法应当是来自个人和他人翻译实践的经验，并有较为系统的理论支持；

（6）应当引导学生，学会了一项对策，能够举一反三，运用到解决其他类似的问题中去。

由于影响教学的因素很多，具体的目标需要教师根据自己面对的教学目标和要求，以及学生的起点和条件，独立决定。

（二）笔译课教师应具备的条件

笔译教师应具备的素质体现在以下几个方面：

（1）具有尽可能多的笔译实践经验；

（2）具备扎实的语言学的知识、翻译学的基础知识；

（3）能够明确地、有论据、有实例地、使人信服地"授人以渔"。

在语用学与交际理论为基础的功能翻译学思想指导之下，这些对教师的要求意味着教师的地位、角色、作用和任务的转变，其主要体现在以下几个方面：

（1）教师不再是掌握和传播唯一正确译文的人，而是为学生提供帮助的人，在源语语篇的理解和分析、适宜的译语语篇的撰写、翻译结果有根有据的评价过程中，教师给予辅导和咨询，进行协调。

（2）根据不同的需求，扮演不同的角色：像学者一样阐述翻译理论问题；

像翻译公司的负责人一样发布翻译的委托任务；像笔译者一样分析和执行翻译任务；像翻译公司的编辑一样评价和审改他人的翻译作品。

（3）要结合练习，向学生传授必要的理论知识，为学生面对当前或以后类似的情况下的同类问题提供决策的选择方法和解决困难的途径。

（4）要有能力说明教学方法和步骤的理由，从练习材料的选择到对学生译文的修改和评价。

（5）要保持与翻译实践的联系，主动积极地不断自我进修，尤其是不断改进笔译的教学方法。

（三）笔译课学生应具备的基本素质

（1）具备按照规则来行动的一般能力，如分析能力、决策能力和判断能力以及创造能力。

（2）掌握了比较丰富的母语和日语的语言和文化知识。

笔译课程的主要任务不是传授日语语言和文化知识，而是笔译者把一个源语语篇适宜地译作译语语篇所需要的专门的技能：①对笔译任务能有把握地进行解读；②有效的源语语篇的分析；③有目的的查阅调研；④迅速地了解新事物、进入新领域；⑤有把握地估计委托人、作者和接受者的需求和期待；⑥相应地选择适合的笔译对策；⑦熟练地完成页面、段落和字体的编辑任务。

在笔译教学中，教师要明确地区分和界定学生在笔译各个阶段的具体能力和技能，确定提高这些相关能力和技能的练习形式和练习内容。

三、日语笔译教学

（一）教材的使用

许多学生希望增加一些与时代相吻合的教材。据此，高校可在原有书籍的基础上，增加一些参考书。目前日语教学使用的教材基本是从传统的字词解释到中日文中有代表性的语法问题，如副词、敬语、习惯语、使役句、被动句、拟声拟态词的翻译要领，再到各类文章的翻译。在实际教学操作中，如何把传统字词解释、各种语法问题融入各类文章中是教学的重点。另外，对于本科四年级学生来说，贴近现实生活以及商贸类等专业文章的翻译教材甚少。因此教师注意搜集一些既有现代气息，又经得住语言推敲的好文章用作翻译教材，并且从一些书中搜集到一些商贸类翻译文章，让学生做经贸日汉互译等。今后，教师还需要不断地总结经验和教训，合理、有效地使用教材，特别是商贸类翻译教材的准备和实践。

(二) 课堂的教学形式、方法论的学习

就本科生的翻译教学而言，围绕方法论做文章远比纯理论问题研究有意义。虽然在问卷中有相当一部分学生回答学理论的重要性，但对本科学生来说提高学生的翻译水平，最基础、最有效的方法就是实际的翻译操作训练。根据问卷调查中学生们所提到的一些建议，本学期课堂采用的方法是教师先讲解个别难点，由学生翻译，之后学生讲评，教师再讲评、修改，有参考译文的发给学生参考。这样经过几个回合的练习，学生对翻译中的难点以及易错的语法问题都会有较深刻的印象。

同时，每次增加一篇短文章(新闻报道、文化、演讲、经贸等)作为课后作业。上课时由学生展示译文，之后教师讲评，再发放标准译文(同原译文的对照阅读和研究)，以培养他们综合分析、判断、评价译文的能力，打破自身的思维定式，学会品评、修改自己的译文。

除了以上练习外，教师通过批改学生上交的作业，对学生翻译中出现的语法等问题有了更全面的认识，也对针对性教学起到了积极的作用。

通过以上一些教学实践，学生常出现的一些语法错误，如自、他动词混淆，文体的不统一，被动态、使役态使用错误等都有明显的改进，学生也能较熟练地运用文体。

(三) 翻译技巧培养

学生翻译水平的高低是与他们的中日文，特别是日文水平有着直接关系。大多数学生希望以后从事口译工作，但无论是从事笔译还是口译，日文水平都直接影响着学生翻译的质量。因此，为了培养学生的日文素养，教师在课堂上需做以下一些工作：

(1) 例句、例文的讲解。一是典型的误译，二是学生心中明白但译不出

来的典型例句、例文，特别要注意口译、笔译的特点和异同，三是翻译技巧方面的典型例句、例文。

（2）从词语、句型、句式、修辞和文体等角度对翻译展开深入全面的介绍。

（3）注重学生的文体学习。在做各类文章翻译时，教师引导学生掌握不同体裁文章的翻译要领。如经贸类文章以及经贸书信的翻译、新闻报道类的翻译等。

除提高日语水平外，培养学生的中文素养也是搞好笔译的关键。无论课上课下，教师都要鼓励学生多读文学、散文、杂记等好文章。这样既培养了学生的中文表达能力，又对他们了解社会、感悟人生、拓展知识、如何做人等起到了积极的作用。

（四）译文背景（社会、文化、历史等）介绍

对译文社会、文化、历史背景的讲解对学生正确把握译文中所传递出的信息将起到很大的作用，对译文翻译的语境、文体等会有极高的参考性。虽然从目前学生的日文水平来看，做到准确把握译文的文化、历史背景还尚显困难，但学生对背景知识的学习，不仅是准确翻译译文的保证，更是学生了解对象国深层文化问题的铺垫。因此，虽然对于本科学生来说有一定难度，但这是一个必不可少的重要研究课题。基于以上认识，在做新闻报道、文化、演讲等文章的翻译时，教师要尽量把背景知识介绍给学生。

例如，在文化类翻译中曾有一篇文化学研究巨匠梅原猛的《塔和柱》。在学生翻译之前，把塔与柱的文化意义进行解释说明：在不同文化中，对权力的向往是相同的，但其表示的标志不同，"塔"是欧洲文化的表象，而"柱"是希腊文化的表象。作者通过"塔"与"柱"，阐述了其深层的文化意义。通过背景介绍，学生在进行实际翻译时会围绕这个主题去翻译，其中不乏好的文章。

文化、社会、历史等背景的介绍固然重要，但在课堂上还要把握一个"度"，如果介绍过多，就有可能把翻译课变成了文化、文化史的讲解课，显然这是不符合本科翻译课要求的。因此，本科翻译教学中，文化、社会、历史知识的介绍只是保障翻译质量的条件之一，而不是越过翻译文本的讨论，

这一点是非常重要的。

(五)注重学生语言基本功的培养

在日语笔译教学中，教师需要加强学生语言基本功的培养，这就需要在日常教学中重视学生中文素养的提高，培养良好的翻译习惯。学生只有具备较好的文字功底，才能提高译文翻译的质量。因此在日语笔译教学中，教师要对学生的中文修养进行积极引导，增强学生的审美情趣，从审美的角度来发现两种语言转化过程中的美。

在日语笔译教学中，由于课堂教学时间十分有限，教师需要在课堂中注意学生翻译习惯的培养，同时将练习延伸到课堂外。学生要养成记日语笔记的习惯，并在日常学习中能够与其他学生一起对译文的准确性进行互相检查。教师要积极引导学生翻译意识的培养，定期布置一些翻译作业，强化课堂外的练习，以此来提高学生的翻译能力，从而达到理想的教学效果。

(六)尝试分组讨论，增强互动性

在日语笔译课上教师可尝试分组讨论式教学法，这样有利于日语笔译教学的改革以及应用型人才的培养。分组讨论式教学法打破了传统教育模式，增加了互动性，它将二维互动升华为多维互动，能提升学生学习的积极性，激发学生的创新能力。另外其符合平等的师生观和学习评价观，有助于建立和谐、民主、自由的师生关系，形成充满竞争、合作愉快的课堂氛围。分组讨论式教学法可以是以小组为单位完成作业，小组各成员分别承担一部分内容，难以理解、有分歧的部分可放在课堂上，由全体学生和教师一起解决，这有益于提高整体教学效果。

在当前高校应用型日语翻译人才培养过程中，对日语专业教学提出了更高的要求。作为日语笔译教师，需要在教学中突破传统日语笔译教学模式的束缚，充分运用各种科学有效的教学方法，调动学生学习的积极性、自主性和能动性，进一步推动日语笔译教学的改革，全面提升学生日语笔译能力，从而为社会培养出高素质的日语翻译人才，更好地满足社会的需求。

第六章　日语翻译教学模式创新与应用

第一节　翻译工作坊模式在日语翻译教学课堂中的应用

随着全球化经济的发展，中国对外语人才的需求已经呈现大幅增加的态势。中国和日本是一衣带水的邻邦，两国自古以来就有着千丝万缕的联系，在如今经济快速发展的进程中，两国在各个领域的交流也越发频繁，因此需要大量精通两国语言的翻译人才。但是，目前的日语翻译教学中普遍存在着各种问题，如传统的翻译教学偏重翻译基础知识和基本技能的传授，且大多数翻译原文和译文都与社会和市场毫无联系。这些翻译实践都是虚拟的，与市场是脱钩的，学生在校阶段翻译实训不足，导致就业时与市场需求脱节，出现相应的毕业生就业难，翻译市场用工荒的问题。因此，为了解决这一问题，在日语翻译教学课堂上，教师应尽可能地培养学生的翻译实践能力，适时地将翻译工作坊模式引用到课堂上。

一、"翻译工作坊"的概念

"工作坊"一词来源于单词 workshop，其最早出现在教育与心理学的研究领域之中。20 世纪 60 年代，美国的劳伦斯·哈普林则将"工作坊"的概念引用到都市计划中，使其成为可以提供不同立场或族群的人们思考、探讨、相互交流的一种方式，甚至在争论都市计划或是对社区环境议题讨论时成为一种鼓励参与和创新，以及找出解决对策的方法。自此之后，"工作坊"的概念逐渐被推广。一般来说，工作坊是一个由数人组成并且共同参与的场所与过程，参与者在参与的过程中通过思考、调查与分析，进行相互讨论、有效沟通，并提出方案。那么，所谓的"翻译工作坊"是什么意思呢？1993 年，美国学者根茨勒在其著作《当代翻译理论》中，首次提出了"翻译工作坊"的概念，他认为"翻译工作坊"就是"类似于某种翻译中心的论坛，在该论坛上，两个或两个以上的译者聚集在一起从事翻译活动"。这一概念得到了国内许多从事翻译研究相关工作的学者的认同和支持。

二、翻译工作坊在日语翻译教学课堂的运用过程

翻译工作坊模式主要是以学生为教学中心的，所以运用到日语翻译教学课堂主要有以下几个步骤：

(一) 布置翻译任务

在以翻译工作坊教学模式开展日语翻译教学活动时，学生可能无法确定符合市场要求的文本，所以可由教师指定翻译原文，这些原文应该是教师经过调研后确定的翻译市场需求量较大的翻译文本。然后教师根据每个学生的性格、优势等按照互补原则将学生分成小组，把翻译文本发放给学生，学生通过小组合作的形式在规定的期限内提交译文。

(二) 翻译过程

在日语翻译教学课堂上，教师可以对学生进行翻译实战模拟培训。那么，翻译过程包括准备阶段、文本翻译阶段、译文展示阶段、确定终稿阶段等步骤。

1. 准备阶段

在准备阶段，教师要求各小组成员根据翻译文本，通过网络或图书馆查找相关的知识背景，并且查阅相关专业术语词典确定专业术语的译文，避免出现低级错误，让学生了解特定的条件下选用最合适的用词。此外，教师可以让学生模拟翻译公司的项目接洽，通过对稿件内容进行分析，统计字数，了解客户的要求，并且根据这些内容做出相应的评估和系统的报价。

2. 文本翻译阶段

经过前期的准备工作，在这一阶段，教师要求各小组成员先根据翻译文本进行任务分配，计算各自大概需要的翻译时间，在规定日期统一交给组长，由组长进行统稿工作，即模拟校审译员对稿件进行校审，校审主要针对稿件的拼写、打字和语法，还有用词的贴切和统一性。

在学生进行文本翻译时，教师可指导学生使用在线词典及相关的语料

库，提高翻译的准确性及翻译速度。此外，教师还要提醒学生在保持原文意思的同时，注意汉语和日语的语言表达习惯，不要随意增减内容。

3. 译文展示阶段

此阶段，各小组可将统稿后的译文以幻灯片的形式进行展示，在展示的时候将没有把握或者用词不确定的部分标成红色，以便和其他小组的译文进行比较。教师要求学生重点讨论各小组译文标红的部分，通过查阅词典或相关网站最终选出较准确的用词。教师还要组织学生对各小组的译文进行对比，从文体、用词、翻译标准等方面客观地讨论分析各小组译文的优缺点，以便学生课后修改自己小组的译文。

4. 确定终稿阶段

经过译文展示阶段的讨论，这一阶段，学生可以模拟译文的排版和终审。各小组根据讨论中的结果修改并确定一份终稿，再次确认译文的逻辑是否完整、措辞是否准确，校审过的文件需要排版人员按照"客户"要求的格式进行排版，提交给相关人员后，交付"客户"。

（三）译稿质量控制

在各小组完成终稿后，教师要对各小组提交的终稿进行批改和评价。教师在课堂上对每个小组都存在的普遍性问题进行点评，并指出各小组的优缺点，对学生在翻译过程中存在的疑惑或者有争议的问题进行解答，找出学生在翻译过程中出现问题的症结点并加以指导。此外，教师还应对每个小组的成员的表现进行评价，并鼓励小组成员之间也进行评价，增强小组成员的团队协作能力、团队合作意识以及人际交往能力等，使学生逐渐提高日语翻译实践能力，以便将来更好地适应社会需要。

（四）译后总结及反思

在经过前面几个步骤后，各小组最后将形成较完善的译稿，这些译稿可发布在常用的网络教学软件上，方便数据的保存和日后的总结。另外，在课堂上，可由教师对此次翻译活动进行总结及点评，指出各小组的优点以及存在的问题，并鼓励学生积极探讨在翻译过程中遇到的问题，分享翻译心得，并对翻译活动进行总结，避免在之后的翻译活动中出现相同的错误。

通过以上四个步骤，教师将翻译工作坊模式应用于日语翻译教学课堂，为学生提供了高强度的练习平台，让学生在讨论中提升能力、体会合作，并且能够以实践促进学生的翻译能力提升，以翻译提高学生的整体日语水平，构建了轻松的互动性翻译学习模式，调动了学生的主动性，形成了系统的、相互促进的翻译学习模式。翻译工作坊教学模式以学生间的翻译实践、翻译讨论为主，教师的组织和适当指导为辅。学生在翻译和讨论的过程中作为主体参与每个环节的操作，不仅锻炼了翻译能力，也加强了团队协作能力。

三、日语教师实现翻译工作坊教学模式的途径

以翻译工作坊教学模式为主的日语教师应该具备较强的翻译能力和译者能力，并且具备日语相关学科、相关领域或某几种相关学科、相关领域的深厚的理论知识，具备专业经验，专注的专业精神和职业精神。

(一) 提升翻译理论与实践能力

学校应通过鼓励专业制造或支持购买或订阅国内外翻译理论研究书籍与期刊的形式帮助工作坊教师掌握微观、中观和宏观翻译理论知识，了解不同层级的翻译理论知识。日语教师应积极参加学校科研培训与讲座，通过各种途径加强教师间或教师与专家之间的合作学习、交流与对话，了解本领域的最前沿的科研动态，真正实现教研相长、相辅相成。

(二) 推进教师培训、打造翻译团队

学校应通过国内外进修、访学等方式，提升日语教师专业素养或帮助其获取更高学位。积极鼓励教师通过参加国内译界组织的各类翻译研讨会、翻译培训，了解学科发展动态。教师也要积极参加日语翻译相关的网络培训，不断学习反思，将线上培训和线下培训相结合，提升自身能力，组建翻译团队。

(三) 打造"双师型"多元化平台

学校应利用地域优势，积极聘请周边高校日语翻译专家与优秀日语翻译教师来校进行培训与交流。通过高校间的合作交流，资源共享，促进提升从事日语翻译教学的教师的专业素养。同时，学校应积极选派日语教师去企

业、政府进行挂职锻炼，提升教师的翻译实践能力。

四、翻译工作坊模式应用于日语翻译课堂的意义

将翻译工作坊模式应用于日语翻译教学课堂，教师是课堂的主导，结合课堂教学的实际情况和现今翻译市场的具体需求，模拟市场上真实的翻译环境，提供翻译市场中的翻译项目作为翻译内容。学生是课堂的主体，学生以小组分工合作的形式，通过讨论、翻译、对比、校对等过程完成翻译任务，这不仅提高了学生的翻译实践能力，还可以培养学生的就业意识，提高学生的实战能力和创业能力。

日语翻译工作坊教学模式不以传统的方式传授翻译知识，而着重对在翻译过程中如何阅读、如何理解以及如何传达思想进行自由讨论，从实操的角度，对翻译原理、翻译技巧等进行有针对性的培养。学生在自身积累的基础上，借助于多向交互式的交流和学习来接手知识，并进行信息加工、交流和内省，可以将之前学习到的翻译理论与翻译实践紧密结合，达到相互学习、共同进步的目的，学生得到的训练更接近于未来的职场翻译，为他们毕业后走入社会从事翻译工作奠定了坚实的基础。

日语翻译工作坊是一种模式新颖的翻译教学模式。在教师的指导下，学生能够真正参与翻译实践，体验翻译过程，教师注重培养学生的日语翻译实践能力和团队沟通及合作能力，对日语专业的学生将来走向社会从事翻译工作奠定了良好的基础。同时，翻译工作坊教学模式对于从事日语翻译教学的教师也有一定的要求，教师要具备良好的学科素养以及深谙相关理论知识的研究等，并且要积极参加相关培训，不断更新翻译理念，提高自身的翻译水平，为日语翻译教学和培养应用型日语翻译人才进行新探索。

第二节 "场景化—开放式—团队互评"教学模式在日语翻译教学课堂中的应用

作为一门理论与实践性很强的课程，日语翻译课程的学习不仅要求学生掌握扎实的理论知识，还要有处理实际问题的应用技能和团队协作的专业

素养。日语翻译教学如何在学校和企业、理论与应用、教师与学生之间形成良好对接，直接关系着课程教学目标的实现。大连东软信息学院日语系通过多年的探索和实践，根据社会对人才培养需求的变化，不断创新和完善日语翻译课程的教学模式，提出"场景化—开放式—团队互评"的教学模式，取得很好的教学效果。

一、以案例教学为引导，场景化课程体系设计

日语翻译课程的教学总体目标是培养学生的商务日语翻译能力。以大连东软信息学院日语系为例，该系日语翻译课程使用自编教材，以日语翻译职业在工作中经常涉猎的商务场景为话题，通过具体的日语翻译场景培养学生的实践能力。针对日本企业实际的工作流程和业务规范，教材将日语翻译课程分为六个主要商务会话场景：商务谈判、工厂参观、签订合同、旅行观光、需求变更与索赔、商务宴请。每个会话场景的内容包括知识目标、基本商务场景介绍、图片导引、日语翻译例文汉日对照。通过这样的课程设计，整个课程内容条理清晰，方便学生对商务场景的日语翻译要点融会贯通，并形成较为系统的知识体系。此外，根据每个商务会话场景的内容，将日语翻译课的作业设为制作日企中具有实用价值的日语翻译文档，并指导学生通过参考日语翻译例文进行实际日语翻译演练，通过系统体验日本企业职场中日语翻译的工作过程，让学生将所学的日语翻译基础知识应用到实际商务工作中。

二、开放式实践教学

传统日语翻译教学过分强调讲授日语翻译技巧，难以培养学生实际的日语翻译能力，在日语翻译教学中如何用日语翻译理论指导教学实践、培养学生的日语翻译能力，是每一位日语教育工作者经常思考的问题。日语翻译课程是一门实践性很强的课程，学生更希望在课堂上学到贴近现实、贴近实战的日语翻译技能。为突破课堂教学时间限制，拓展学生专业学习空间，针对各个场景的特点，采用走进企业、场景模拟和案例进课堂等丰富的开放式实践教学模式。

（一）走进企业

课堂上的讲解和练习让学生了解日企中日语翻译工作的相关理论和表达方式，有利于加强学生对企业中日语翻译工作的感性认识。大连东软信息学院安排学生走进学院的教学实习基地合作单位，让学生了解企业中日语翻译工作现状、工作内容及存在的问题等，而且通过现场了解企业，能极大地提高学生学习日语的积极性。

（二）场景模拟

日语翻译课程灵活性强，不同场景有不同的日语翻译技巧和注意要点。针对学生可能感兴趣的工作场景，学院组织学生进行相应的场景模拟。比如，在讲授业务洽谈日语翻译知识点时，进行课堂模拟，让学生分成不同小组，有的小组负责设置礼节性访问环境，有的小组负责准备签订合同所需的日语翻译资料。通过课堂日语翻译实践的展示，培养学生良好的日语翻译能力、积极正确的工作态度，增强学生团队合作意识，引导学生提前养成良好的职业素养。

（三）现实案例搬入课堂

针对有些课程里出现的商务会话场景与现实联系比较密切，大连东软信息学院尽力将现实中的案例搬入课堂教学。比如，在讲授旅行参观日语翻译环节时，学院会联系当地几大旅行公司的对日导游部，把真实的会话场景呈现给学生，带学生体验如何向日本游客介绍中国的名胜古迹，让学生近距离感受真实的旅游日语翻译工作的内容和流程。

三、团队参与课堂教学

（一）划分团队和小组

在日语翻译课程刚刚开始时，按照日译汉、汉译日、公司与公司等关系，将全班同学分为几个小组或团队。每个团队都有各自的队名，以及各自明确的内部分工。后期所有与课程相关的活动，均以团队或小组的形式呈现。

划分小组或团队，旨在培养学生的团队协作精神。通过指导团队成员展开合作，调动所有团队成员的学习积极性，提高个体的学习动机和能力，培养其团队精神，这样可以让学生体会到互相帮助、互相学习的益处，并提高他们共同解决问题的能力。此外，这种参与式的教学方式也提高了学生的学习兴趣。

(二) 团队实践

某信息学院将日语翻译课程分为商务谈判、工厂参观、签订合同、旅行观光、需求变更与索赔、商务宴请六大场景，据此将全班学生分为六个小组，每个小组负责一个场景的构思和日语翻译。团队小组内所有成员分工协作，针对特定的场景下出现的固定日语和汉语表达，独立进行日语翻译实践，然后再通过组内的合作交流和相互答疑主动解决问题，并积极做好小组展示的准备工作。在每个日语翻译场景开始授课之前，负责此场景的小组上台，通过 PPT 等形式对该商务场景下日语翻译的注意点、固定表达、商务礼仪等进行展示和讲解。

(三) 团队互译互评

在开始会话场景日语翻译时，负责该场景的小组代表进行 PPT 宣讲或其他形式的案例成果展示，小组内其他成员可以补充。展示完毕后，班内所有学生都可以对该小组的案例分析提出疑问或不同见解。通过这种方式，鼓励学生质疑，培养学生的批判性思维，引导学生学会倾听、尊重不同观点及表达自己的观点，使学生逐渐养成积极质疑、深入探究的学习方式和习惯。这一环节要求师生之间建立起一种平等、民主、亲切、和谐的关系，以保证学生心情舒畅、思维敏捷，使学生的创造因子处于最佳活动状态，课堂气氛才能真正活跃起来，达到最好的互动效果。在这一环节中，自主学习是前提，需要调动每个学生对力所能及的问题进行自主思考；合作探究是方法，需要调动每个学生学会质疑、善于探究；相互答疑是目的，需要调动每个学生乐于助人、学会讲解，提高沟通表达能力。

(四)团队积分成绩考核

传统课程考核往往采用闭卷考试的方式。这种成绩考核方式强调知识点的机械记忆，不能真正考核学生的表达能力、团队合作精神、创造力等，而现代企业需要的是学生的专业素养。传统课程成绩评定方式是任课教师一人阅卷给出成绩，这样虽然增强了教师的权威性，却降低了学生参与课程教学的积极性。因此，大连东软信息学院探索出一套"团队积分"成绩考核方法，将学生的成绩分解为几个模块，每个模块有不同的人，依据不同的表现给出成绩。教师根据每个小组在讲解会话日语翻译场景时的表现，给予小组团队分；根据小组内所有成员的出勤率，给予小组一个整体出勤成绩；根据各个团队在各个场景作业中的表现及作业完成情况，给予小组一个整体模块作业成绩。再根据每个会话场景日语翻译的课件准备、演示发表以及课堂发表情况，其他团队成员在协商一致的基础上，团队内部成员根据团队中每一位成员的表现，进行组内互评。成员内部互相协商分配总分，团队成员按贡献分配团队总积分，实行"多劳多得"，贡献多的成员得分多。分数分配完毕后各成员签字后上交互评表。

通过团队互评，小组内每个成员不但能清楚了解自己本学期的表现及个人收获，还可以在团队互评中认识自己、反省自己。

国际化发展对日语翻译人才的需求日渐增大，如何才能培养出适应时代要求的高素质日语翻译人才，这给日语翻译教学提出了极大的挑战。自日语翻译课程"场景化—开放式—团队互评"教学模式在大连东软信息学院日语系实施以来，日语专业毕业生就业率有了一定的提高，学生的日语实际运用能力受到很多用人单位的好评。

第三节　基于认知语言学翻译观的日语翻译教学模式

翻译活动涉及两个语言体系，认知语言学翻译观提出人类语言离不开人类的体验感知，是人的认知能力的一部分。因此，我们必须从人类的一般认知能力来研究语言。同样，人类的体验和认知必定先于翻译，译文也是体验和认知的结果。认知语言学的翻译观强调翻译过程中重视作者、译者、读者三者之间的互动关系，努力处理好文本、认知主体、译文、现实世界的关系，建立"解释的合理性"，倡导"翻译的和谐性"。

一、现代认知语言学翻译观的内涵诠释

我国的翻译理论具有漫长的历史。清代严复提出的"信、达、雅"原则对目前翻译事业的健康迅速发展起到重要作用，鲁迅和瞿秋白提出的"凡事翻译必须兼顾着两面，一当然力求其易解，一则保存着原作的风姿"。这一说法起到很好的指导作用。

从翻译教学理念方面看，目前我国的翻译教育存在不够重视理论翻译的现象。不少人认为只要能看懂外国文章，会写本国语言就可以从事翻译，因而缺少理论的支撑和指导。一些具有翻译经验的名家也认为翻译依靠的是实践、经验和译者的天赋，而不是纸上谈兵、空洞语言似的理论。他们从根本上对理论与实践的关系不够明确，导致无实践的理论显得空洞，无理论指导的实践也很盲目。即使是对名家名篇的翻译，翻译理论不同，其翻译风格也会有很大的差异。

西方翻译理论自体验哲学和认知语言学问世以来，对当前的翻译研究注入强大的生命力。认知语言学的哲学基础体验哲学认为，人类的语言不是一个自治的体系，它离不开人类的体验感知，语言能力是人的认知能力的一部分。因此，我们必须从体验的角度解释语言，从人类一般的认知能力来研究语言。认知语言学翻译观强调翻译是人的一种认知活动，是人对"客观世界"和"主观世界"的认知，具有体验性、互动性、创造性，翻译要注重语篇的整体性，达到翻译的和谐性。

二、认知语言学翻译观下的日语翻译教学模式思索

认知语言学的翻译观认为，翻译是以现实体验为背景的，认知主体所参与的，以多重互动作用为认知基础的，读者兼译者在透彻理解源语语篇所表达的各类意义的基础上，尽量将其在目标语言中表达出来，在译文中应着力勾画出作者所欲描写的现实世界和认知世界。认知语言学的翻译观强调体验和认知的制约作用，重视作者、作品和读者之间的互动关系，追求实现

"解释的合理性"和"翻译的和谐性"。认知语言学建立在体验哲学的基础上，用认知语言学的视角去审视翻译，它突出主体认知活动在翻译中的表现。这是有关翻译活动的一个本质现象，认知语言学的翻译观提出要发挥体验和认知对主体性因素的制约作用。王寅认为认知语言学的翻译观及模式主要体现在翻译具有体验性；翻译具有多重互动性；翻译具有一定的创造性；翻译的语篇性；翻译的和谐性；翻译的两个世界。

笔者认为其中"翻译的和谐性"既是翻译活动进行的原则，也是翻译的目标。语言交际的一个重要目的即达到人际和谐，翻译也应当力求达到作者、文本、读者三者之间的和谐。翻译本身涉及"人"和"本"，其中"人"作为有意识的主体，在认知"本"的时候必须发挥主观能动性，"本"作为客观存在的事物蕴含作者强烈的主观色彩。因此，翻译活动是"主观世界"和"客观世界"交流互动的结果。下文拟从"体验性""多重互动性""创造性""语篇性""认知语言学翻译观"这五点出发，对中日两种语言的翻译教学模式进行分析探讨，以期发现更合理的日语翻译教学模式。

（一）基于体验性的日语翻译教学

从事日语翻译活动，必然涉及作者、译者和读者三要素。认知语言学翻译观认为翻译具有体验性，首先，指作者的认知和理解来自体验活动，其次，译者和读者的认知和理解来自体验，而且只有对文本进行体验性的理解，才能获得文本原来的创作意图。

译者只有准确捕捉和合理体验源语和译语的语言差异，才能准确进行日语翻译和日语翻译教学。

（二）基于多重互动性的日语翻译教学

多重互动包括认知主体与文本互动、认知主体与现实世界的互动、译者与读者的互动。不论是认知主体的人、认知主体所存在的现实世界，还是认知之物"文本"，均不能作为独立的存在，因为本来就是"人中有文""文中有人"和"人在现实中"。因此，作为认知主体的人在"文本"和"现实"中将一种语言转换成另一种语言时，必须反复考虑"本文"和"译文"，"读者"和"译者"之间的关系。而且作为生活在现实生活中的"人"，必然受各种文化因素的影响和制约。为达到日语翻译的和谐性，在进行日语翻译教学时，教师既要强调"认知主体""现实世界"和"文本"的互动，也要考虑文化因素。

作为日本固有的"和语"词汇被赋予深厚的日本文化内涵，汉语中没有相对应的词语解释，给日语翻译教学带来很大的困难。在进行日语词汇的翻译教学时，作为认知主体的"教师"和"学生"要不断地进行诸如文本、译文、译者文化背景等方面的对比互动，然后选择更加合理的翻译，实现日语翻译的和谐性。

(三) 基于一定创造性的日语翻译

认知语言学翻译观认为，由于作为认知主体的人基于对事物的体验、文化背景、民族、教育层次、思维方式的不同等，体现在翻译中，将源语言转换到目标语的结果也有差异。作为源语言的文本经过译者的加工，都打上了认知主体发挥主观能动性的烙印。因此，日语翻译具有一定的创造性，但并非所有的创造都合理客观。能够达到较好地理解原文和反映作者思想的翻译，只有发挥认知主体主观能动性的创造才能得到广泛的认可和应用。

如果不是特指，日语一般不使用"一"这一数词，在句中无表达"多"含义的修饰语的情况下，日语名词本身就表示单数"一"，但在汉译时，如果不添加"一张""一个"等数量词，句子就不自然。这时，作为译者应当发挥个人创造性，添加对应的数量词。

日语的形式体言在日语中起着将动词名词化的作用。缺少形式体言，句子则不完整，意义不能清晰地表达。但译为汉语时，若一一译出来，则会显得啰唆，所以可以适当地删减。因此，在日语翻译教学时，教师有必要提醒学生发挥主观能动性，合理有度地创造性翻译。

(四) 基于一定语篇性的日语翻译教学

翻译的认知模式在接受系统功能语言学观点的基础上，提出"语篇为基本层面"，形成部分与整体的和谐统一，认为语篇中对个别词语或句子的理解和翻译离不开对语篇整体的功能和认知的分析，必须深入体会和综合思考句与句、段落和章节所反映的意义，注意前后的连贯性和风格的统一性。

对科技文章的日语翻译教学相当难。科技文章的专业性非常强，一般句子结构比小说简单，但列举产品规格时会以不完整的句子或图标的形式表达，专业术语和外来语较多。这要求译者熟悉所译文章涉及的专业，否则就容易出现原则性的错误。如要翻译电脑方面的文章，就要求译员懂些电脑的知识；要翻译气象方面的文章，就要求译员具备气象方面的知识。

文学翻译向来被认为最难翻译到位。因为它不仅是从一种语言转换为另一种语言的过程，更要译出作品的神和作家的风格特点。川端康成的小说《雪国》在全世界都是非常有名的作品，因此，有很多译者尝试着对它进行翻译解读，其中对文章开头一句话的理解，就出现多种翻译。

在进行科技文章、文学作品、政论文章、说明文章、书信等语篇翻译教学时，教师必须提醒学生注意考虑语篇的整体功能，翻译时要从整体到部分，再从部分回到整体。

(五) 基于认知语言学翻译观的日语翻译教学

认知语言学翻译观所谓的翻译的两个世界指的是"客观世界"和"认知世界"。它们是语言形成的基础，也是翻译生成的根本。译者必须充分考虑原作者所要表达的两个世界，并尽可能还原出原作者对这两个世界的认知。

诗歌作为一种历史悠久的文学样式，不论在任何社会、任何国家都是伴随着人类的劳动而产生，并随着社会的发展而发展。明治维新以前日本诗歌有汉诗与和歌两种形式，明治维新以后日本诗歌发展成为以下三种基本形式：传统短歌、俳句、现代诗。诗歌具有高度凝练、富于想象、着重抒情等特点。对诗歌进行翻译，译员既要了解作品的背景，又要熟悉作者的风格。

认知语言学翻译观作为一种科学的翻译理念，能够调动学生的自主意识，有效地缓解目前翻译课课时严重不足的问题。该模式从教学开始调动学生的主观能动性和创造性，突出日语翻译课的实用性，在课堂上完成翻译社会实践能力的培养，拉近理论与实践教学的距离。当然，翻译作为把一种语言文字含义用另外一种语言文字表达出来的活动，涉及认知主体、语言两个基本主题。认知主体的人具有不同的思维方式，不同的语言在语音、词汇、语法等方面既有相同点，也有不同之处，教师要引导学生合理翻译，提高学生的翻译理论能力和实践能力。从事日语翻译教学的工作者必须接受一定科学教学理念的指导，同时具备较高的母语和日语水平及渊博的知识，而且在继承国内优秀翻译理论的同时，运用国外先进的翻译理论的体系，改革日语翻译教学模式，从而提高学生的日语翻译水平。

第四节　多媒体网络环境中的日语翻译教学创新模式

进入信息化社会之后，互联网技术、人工智能技术等蓬勃发展，为现代教育的差异化、智能化发展奠定了坚实基础。大部分高等院校都希望将学生培养成能够熟练应用现代技术收集信息的、日语语言能力强的、能够快速适应社会发展的优秀人才。提升青年大学生日语翻译能力不但与听力课和精读课等息息相关，而且许多院校都将翻译课当作重要的专业课来对待，从而为国家输送更多优秀的双语翻译人才。处于人工智能快速发展的形势下，机器辅助翻译的普及使得传统的翻译教学面临着严峻挑战。因此，教师还应逐步革新日语翻译课程的教学方式，以满足社会各个层面的需求。

一、多媒体翻译教学

这些年，高校主要应用传统教学模式来展开翻译教学，也就是教师提供相应文章，让学生来翻译。然后让所有学生进行分析探讨，最后教师讲解、总结，向学生展示正确答案。后来，由于数字媒体技术的快速发展与广泛运用，翻译教学的方式才不断改进与更新，拥有了新的教学方式。与传统翻译教学比较来看，多媒体翻译教学的优势主要包括如下几个方面。

（一）有利于教师提高自身素养

教师想要全面发挥自己的作用，就要积极寻求突破，不能因循守旧，需逐步积累更多知识与经验，需要有砥砺奋发的精神，在日常教学过程中，还需具备创新意识、不断提升创新能力，对于教师而言，这是非常珍贵的品质。翻译学科具有的特征要求教师及时、坚持不懈地学习各个层面的知识，不断提升自己，从而为教学任务的达成积蓄力量。

数字媒体，尤其是计算机网络，其特征主要为具备信息素材时效性、内容多样性与教学资源共享性等，这为任课教师及时借助合理方式学习掌握更多知识创造了良好时机。此外，网络教学也为翻译教学方式的革新提供了相应助力，任课教师变成了学生的指引者，不再局限于知识的讲授者这一身份，学生和教师能够充分交流沟通，实现了教学相长。

(二) 有利于真正实现 "因材施教"

多媒体网络教育凭借自身的便利性、共享性与多样性等特征，使得翻译教学的可选性与灵活性越来越突出。

第一，教师需围绕学生的实际状况挑选适宜、合理的翻译素材，同时学生可以根据自己的偏好与现状进行有针对性的学习，以充分贯彻落实个性化教学。

第二，多媒体翻译教学促进了教学模式的创新，学生与教师可以随时进行网络聊天与交流，学生还可以及时、自由地发表自己的看法，提出问题，并且不会被其他人所约束，这样可以对学生分析及解决问题的能力进行锻炼、培养。

第三，多媒体网络教学突破了时空的束缚，学生能自由、便捷地学习，教师在教学上也不会被时间与地点所影响，这使教育教学的伸缩性更加显著了。

多媒体翻译教学存在创新性，具有显著的优势，但是在具体操作过程中，我们可以看到网络引入教学实践不可避免地会存在一些局限性。比如，大学生还没有构建完善的人生观与世界观，所以极易受到不良网络文化的影响，一些良莠不齐的翻译作品还会对大学生造成消极影响，并且还会让一部分学生形成抄袭的习惯。所以，当务之急是探索分析通过多媒体翻译教学怎样提升学生的翻译能力。

二、多媒体环境下日语翻译教学模式优化

课堂活动的设计者是任课教师，其也是教学活动的筹划者。因此，教师需明确课程定位，合理设计教学计划，应用适宜的教学模式，参照具体状况落实教学方案，并努力跟进作业与练习等，全面挖掘教学过程的价值。日语翻译课程的评价反馈、课程设计等层面，都应围绕着提升译者的能力来展开。

(一) 优化课程设置

第一步就是准备工作要做好。在设计课件时，教师既要根据教材和相关资料来展开，还可以在日语翻译数据库、日语学习网站、报刊资料等资源中，找到与学生实际相符的资料，从而对教学内容进行延伸、拓展。翻译资料的范围很广，要凸显其时代性与专业性以及适用性，从而满足社会具体需求，任课教师应及时关注中外最新资讯等，从中发掘有价值的材料，将其当作素材。第二步应逐步拓展译文知识，原因是翻译属于突破时空界限的语言活动，通过一种语言描述另一种语言，需与相关语言的文化色彩紧密联系起来，涉及语段层、词语层等，应当了解该语言所在国家的传统文化，逐步提升翻译人员的文化辨析和表现能力。在制作课件过程中，教师利用收集到的文字资料和视频等时，需与语言的一般规律相吻合，且通过声音、图片等层面调动学生感官，为其构建生动、多样、良好的语言情境。

培养学生的语言技能，既与教师的理论传授分不开，还需进一步强化学生的实践。因为翻译课程课时是固定的，所以，教师需指引学生创造第二课堂，鼓励学生及时改变学习思想，对学习进行科学规划，不断优化学生的自主学习能力。教师可以借助教学平台向学生布置作业，将没有在课堂上展示的内容发到平台上，这些内容包括主题背景知识、行业词语、商务礼仪等，学生通过网络也可以及时学习翻译的相关知识。同时，教师指引学生通过小组的方式，对最新时事信息等进行收集，自己制作幻灯片，在课堂上与其他同学一起交流，这有利于提升学生收集信息的能力，增长见识，增加知识积累。教师还可以引导学生从影视字幕组、旅游等领域进行翻译实践，还可以鼓励学生参加一系列翻译比赛，从而不断提升自己。

(二) 丰富课堂教学方式

1. 多元化的教学方式

翻译工作要求译员拥有良好的双向语言表达能力，翻译是一种层级较高的语言转变活动，应当进行有针对性的培训。教师要合理应用各种教学模式，构建与目标语相似的环境氛围，灵活设置课堂活动，不仅要关注理论层面，还应考虑到实践层面。

口译教学需重视课堂交流，原因是口译工作具有主体复杂性、即时性与不可预测性等特征，要求任课教师与思维和记忆等相关理论有机融合，了解培养目标，应用科学的教学模式。教师不仅要讲授文化背景知识、口译技能以及注意事项等，还要借助角色体验和交际教学方式等设计口译情境，通过多媒体教学设备，构建良好的实践模拟场景。学生之间、学生和教师之间密切合作，组织技术交流、商务谈判、宴会翻译和旅游等形式多样的口译活动，提升学生的翻译能力，不断增强其心理素质。此外，借助教师反馈、同学反馈等形式，为学生及时纠正错误提供助益，但在口译练习中，教师最好不要立即纠正学生的用词、发音等错误，不然学生的心理压力会很大，使得口语表述不够完整，教师可以在完成相关练习之后再引导和评价。正规的口译训练，还要有多媒体设备的翻译箱与语言实验室的加持。笔译课程不仅有以往运用的讲授方式，还有同伴互评、任务型小组合作学习、案例式教学形式等，为学生实践创造良好时机。

2. 案例设计

以下通过《日语笔译教程》(2011年大连理工大学出版社出版的图书，作者是赵立红)中的家电翻译相关内容，说明综合应用各种教学模式的状况。

(1) 正式上课之前进行问题导入。

任课教师提前收集相关信息资料，设计多媒体课件，梳理汇总与家电有关的中日语句和主要术语，发送到班级 QQ 群，实现信息共享，为学生提供合理参照；在班级群上传与各位学生要求相符的家电日语翻译相关资料，当作翻译案例；以小组为单位，对学生进行划分，借助任务型教学方式，让各组学生收集中日家电相关信息，并在课堂上展示，从而明确语言隐含的文化语境。

(2) 在上课过程中对知识进行内化。

任课教师借助多媒体课件，向学生讲解相关注意事项和日语翻译特征，与学生收集的中日家电背景知识融为一体，用时20分钟左右；通过支持高龄社会的家电、数字家电以及家电回收等篇章，借助案例教学方式，讲解文化翻译学和应用语言学等理论知识，还有合译、直译等语言翻译决策，鼓励学生通过语境层面明确文章内容，来翻译相关内容，用时半个小时左右；接下来以小组为单位，让学生从四篇文章中挑选出两篇，围绕翻译工作坊这一模式，展开日语翻译训练，在此过程中，可以适当应用网络和翻译软件等，耗时大约20分钟。在这一过程中，教师需引导学生了解具体的任务，让其明确读者对象，是客户应用说明、科普推广，还是针对家电营销人员和家电工程师，语篇是议论文还是说明文，参照语篇功能和读者要求挑选合适的翻译风格。各个小组经过反馈与协作分析研究，选出相应的译文版本，传输至QQ群。

（3）评议阶段，用时20分钟左右。

首先，从顾客这一层面，组织学生互相评估相应的译文。有研究者已经证实，互相评估有利于学生翻译效果的提升，可以有效规避词汇等问题，促使学生深入、全面地分析译文内容；其次为教师评估，指引学生如何解决多译、错译等问题，充分调动既有的语法和词汇等，发掘其中的联系。

（4）及时进行温习、复习与拓展。

将其他两篇没有应用的文章当作作业，让学生翻译之后传送到QQ群，任课教师需快速反馈，然后进行引导、纠正，并通过出现的突出问题，组织翻译练习活动。教师将正确的译文发送到班级群，让学生自行评估、学习，还可以通过互相评估的方式来展开。

在学习翻译相关知识时，学生发挥主观能动性，通过不断协作、翻译与探讨进行训练，以此提升自己的合作能力与实践能力，同时还应考虑个体差异。

（三）完善反馈与评估体系

以前，评估日语翻译教学时，主要借助期末考试展开终结性评估，检测学生对翻译技巧等的学习状况，没有关注到其作业表现等层面，缺乏公平性，反馈和测评等也比较差。

运用多媒体教学评估体系，应当与终结性评估、形成性评价进行融合，对教学效果进行衡量。例如，在新学期开学时，创建学生学习档案，收集整理学生日常的活动表现，比如，电子邮件、课堂表现等形式的作业现状和反馈、课堂参与积极性、上课出勤率等，然后与期末的综合成绩有机融合，这种评价会更加多元和动态。有学者强调，应当评估学生的翻译过程，重点考核学生的译前准备、翻译工作态度、译后校对总结提升、翻译应用的策略、其协作精神以及应用的工具等。

通过教学效果看，多媒体教育技术和互联网是翻译教学的关键信息来源形式，为翻译教学方式的现代化发展提供了有力支撑，提高了教学效率与质量，激发了学生的学习兴趣。想要为社会培养出多元化、创新型的翻译人才，教师要不断转变教学思想，逐步提升中日语言表达能力，并不断优化教学手段等。对多媒体技术进行应用时，教师需找到准确的切入点，与学生的现状、教育的演变趋势相匹配，不仅要适度，还应适当，防止出现严重依赖该技术的现象。

结束语

为了培养高水平的语言服务人才，更好地服务于国家的实际需要，实现翻译教育与高等教育强国建设的紧密联系，我们应把握当代语境下翻译的新变化，反思传统日语翻译课程在教学理念、教学模式、评价机制等方面存在的问题及原因，思考日语翻译教学的创新与改革方法。本书通过研究认为，日语翻译教学的创新与改革方法如下：

(一) 改进教学重点

根据市场的变化选择课程内容，使其贴近实践的要求。以此为目的，首先需要选择适合于笔译员培训目标的培训材料。以文学为基础的理论和技术研究培训材料更适合于文化和教育行业或研究人员的培训，而以工作为导向的、以风格为导向的培训材料则更适合大多数旨在培训工作人员的普通教育机构。

(二) 强化学生翻译实践

翻译的应用能力需在实践中得到发展和验证。课外的练习由于理论课的数量有限，翻译主题范围广泛，每一个主题的实践时间都非常有限，几乎不可能仅用课堂时间就迅速发展翻译能力。这要求翻译教师利用现有资源为学生寻找实践的机会，使他们能够以团队的方式开展工作。

(三) 更新教学手段

今天，我们正处在网络时代，国家在战略层面上启动了互联网的概念。教师可以使用多媒体技术制作自己的教程，并使用即时消息工具 (如 QQ 或微信) 参加课外课程和互动交流。互联网也是一种教学资源，它容量大，更新迅速，使用方便，是日语翻译课程良好的辅助教学资源。

（四）提升教师水平

在综合技能方面，翻译是学习日语最困难的阶段。教师必须具有丰富的翻译实践经验，并尽可能涉猎各领域的知识。为了克服其理论和实践经验不足的问题，教师需要加强学习，不断积累更多的做法，积极参加研讨会和教师培训等，并经常借鉴他人的学习活动，从中汲取优势。此外，关于缺乏中文表达能力的问题，教师应引导学生更多地阅读书籍、报纸和了解时事；撰写小文章，注意日常生活中的想法和学习，逐渐发展出语言意识，以进一步提高其母语表达能力。

简而言之，日语翻译教师应不断完善教学方式，努力提高教学效果，积极开展翻译课程的改革。

参考文献

[1] 宋欣，卢婷.科学翻译学视角下的科技日语翻译[J].上海理工大学学报(社会科学版)：1-6.

[2] 周霞.应用型翻译人才培养的影响因素与创新思路[J].人才资源开发，2023(11)：59-61.

[3] 张燕.生态语言文学视域下的高校日语翻译生态课堂建构[J].环境工程，2023，41(05)：266.

[4] 王燕，张丽.基于功能主义翻译理论的中国特色词汇日语翻译策略——以习近平在中国共产党第二十次全国代表大会上的报告为例[J].文教资料，2023(03)：7-10.

[5] 王尤.日语语言文化的特点及翻译探索——评《日语翻译与语言文化》[J].科技管理研究，2023，43(03)：263-264.

[6] 周燕.日语翻译中的语言文化差异问题及解决对策研究[J].文化创新比较研究，2022，6(22)：38-41.

[7] 周志柏.日语翻译中意译应用原则的研究[J].产业与科技论坛，2019，18(06)：162-163.

[8] 王中盼.中日文化差异视角下日语翻译研究[J].文化创新比较研究，2022，6(06)：47-50.

[9] 楚永娟.新文科背景下高校日语翻译人才培养研究[J].牡丹江教育学院学报，2022(01)：62-64+99.

[10] 刘杨秋.日语翻译工作坊与人才培养[J].湖北开放职业学院学报，2022，35(01)：116-117+120.

[11] 朱奇莹.新时代语境下日语翻译教学创新探索[J].天津中德应用技术大学学报，2021(06)：77-82.

[12] 陶星宇，刘春波.关于科技日语翻译的几点思考[J].散文百家(理论)，2021(12)：112-114.

[13] 胡小雨．浅析日语翻译理论在大学日语泛读教学中的启示 [J]．佳木斯职业学院学报，2021，37(10)：72-73．

[14] 祁春花．浅析日语翻译中的语言文化差异 [J]．现代交际，2021(17)：102-104．

[15] 张丽，吴丽楠．中原传统文化负载词日语翻译策略研究 [J]．河南理工大学学报 (社会科学版)，2021，22(06)：42-48．

[16] 阿拉坦其其格．高校日语翻译教学的创新 [J]．食品研究与开发，2021，42(13)：246．

[17] 田小凤．汉语母语干涉视角下的日语翻译问题研究 [J]．渭南师范学院学报，2021，36(05)：67-73．

[18] 李雪莲．高校日语翻译教学中的问题与对策研究 [J]．产业与科技论坛，2021，20(09)：148-149．

[19] 胡红娟．日语翻译中的语言文化差异问题及对策研究 [J]．辽宁师专学报 (社会科学版)，2021(02)：11-13．

[20] 朱奇莹．当下日语翻译教学的问题及对策 [J]．天津中德应用技术大学学报，2021(02)：67-70．

[21] 张紫瑄．有声思维法在日语翻译中的应用 [J]．散文百家 (理论)，2021(04)：94-95．

[22] 郭春晖．高校日语翻译教学中的问题与对策 [J]．科学咨询 (科技·管理)，2021(04)：140-141．

[23] 楚永娟．多媒体网络环境下日语翻译教学研究 [J]．中国多媒体与网络教学学报 (上旬刊)，2021(04)：11-13．

[24] 关春园，石光，温晓亮．论日语翻译面对的语言文化差异问题 [J]．作家天地，2021(01)：80-82．

[25] 郭春晖．日语翻译教学中翻转课堂有效性探讨 [J]．现代交际，2020(24)：171-173．

[26] 范莉婷．翻译工作坊模式在日语翻译教学课堂中的应用 [J]．国际公关，2020(12)：78-79．

[27] 曾妍．浅析汉语"了"的日语翻译问题 [J]．江西电力职业技术学院学报，2020，33(06)：110-111．

[28] 张红艳.关于日语翻译面对的语言文化差异问题及对策分析 [J].佳
木斯职业学院学报，2020，36(05)：194+196.

[29] 李留芳.关于如何提高学生日语翻译能力的教学策略探讨 [J].农家
参谋，2020(10)：276.

[30] 吴珍.探究日语翻译方面的语言文化差异问题 [J].作家天地，2020
(08)：31+37.

[31] 李留芳.基于日语翻译行业现状的日语翻译教学改革 [J].科幻画报，
2020(03)：45.

[32] 赵天缘.新商务演变背景下日语翻译中的直译与意译 [J].今日财富，
2020(04)：84.

[33] 王利.日语翻译教学中应用同伴互评的价值探讨 [J].教育教学论坛，
2020(08)：185-186.

[34] 张体勇.试论高校日语翻译教学的创新 [J].黑龙江教育 (理论与实
践)，2020(02)：86-87.

[35] 张永新.中日文化差异在日语翻译中的重要性 [J].国际公关，2020
(02)：8-9.

[36] 于丽君.日语翻译语言的范化及特化现象分析 [J].文化创新比较研
究，2020，4(05)：110-111.

[37] 陈慧.翻译工作室视域下日语专业实践教学改革研究 [J].北京印刷
学院学报，2020，28(01)：98-100.

[38] 韩璐璐.试论当前日语翻译教学的改革 [J].国际公关，2019 (12)：
30-32.

[39] 梁新娟，黄婷婷.日语本科翻译教学质量满意度实证研究——以福
建省为例 [J].江西理工大学学报，2019，40(06)：79-86.

[40] 郭剑楠.日语翻译中的误用解析及教学策略 [J].国际公关，2019
(11)：110.

[41] 吴震.翻转课堂在日语翻译教学中的应用研究 [J].产业与科技论坛，
2019，18(19)：175-176.

[42] 李文静.日语翻译中的母语负迁移现象和教学对应策略 [J].黑龙江
教育 (理论与实践)，2019(09)：87-88.

[43] 李文静 . 应用型人才培养的日语翻译教学法 [J]. 黑龙江教育 (理论与实践)，2019（Z2）：118-119.

[44] 吴淑招 . 基于日语翻译行业现状的日语翻译教学改革 [J]. 传播与版权，2019(06)：162-163.

[45] 徐海峰，史娜 . 关于日语翻译的探讨 [J]. 佳木斯职业学院学报，2019(04)：201-202.

[46] 魏霞 . 日语翻译教学中语块理论的应用研究 [J]. 佳木斯职业学院学报，2019(01)：227-228.

[47] 田玉玲 . 基于机器视觉的日语翻译机器人文本检测系统研究 [J]. 自动化与仪器仪表，2023(04)：206-210.

[48] 王思盈 . 日语翻译面对的语言文化差异问题分析 [J]. 农家参谋，2019(05)：298.